Trutz Hardo

Wiedergeburt – Die Beweise

VERLAG PETER ERD · MÜNCHEN

1. Auflage 1998
Umschlaggestaltung: Ulrich Ehrlenspiel, Friederike Lutz
Umschlagillustration: Beate Brömse
Redaktion: Sohan Böttler
Satz, Gestaltung: Friederike Lutz

ISBN 3-8138-0484-4

PE

Inhalt

Die Lehre der Wiedergeburt ist der Wendepunkt
in der Geschichte der Menschheit

Friedrich Nietzsche

VORWORT

Verehrte Leserinnen und Leser, vor Ihnen liegt oder vielmehr in Ihren Händen befindet sich ein Buch, das den Mut hat, Ihnen zu versichern, daß Sie nach seiner Lektüre ein anderer Mensch sein werden als der, der Sie jetzt sind, zumindest was Ihr bisheriges Weltbild betreffen dürfte. Denn nichts Geringeres ist am Ende des zweiten Jahrtausends nach Christi Geburt geschehen, als daß die Reinkarnation endlich bewiesen worden ist. Der berühmte Mediziner Professor Ian Stevenson hat mit wissenschaftlichen Methoden nachgewiesen, daß die Reinkarnation als Faktum anzusehen ist. Ich habe nun die Absicht, Ihnen in diesem Buch eine ganze Anzahl von Fällen vorzustellen, die die Reinkarnation beweisen, seien diese Beweise durch Kinder erbracht oder durch Erwachsene, die sich an ihre früheren Leben erinnern und deren Erinnerungen sich als richtig darstellten, oder seien solche Beweise durch Rückführungen erschlossen worden. Im vierten Teil komme ich dann auf die unwiderruflichen Beweise zu sprechen, die seit 1997 mit dem Erscheinen von Professor Dr. med. Stevensons umfangreichem Buch »Reincarnation and Biology – a contribution to the Etiology of Birthmarks and Birth Defects« vorliegen. Ich werde dann mein Buch abschließen mit einigen Überlegungen, was sich für den einzelnen und was sich für die Gesellschaft daraus als Konsequenz ergibt, wenn die Reinkarnation nun allgemein ihren Siegeszug durch unser Denken antritt.

Von Jahr zu Jahr nimmt das Interesse an Reinkarnation zu. Die jeweils neuen demoskopischen Umfragen ergeben immer wieder eine steigende 'Bekundungsquote' für die Reinkarnation. Die Wirkung, die Professor Stevensons Buch samt seiner Kurzfassung »Where Reincarnation and Biology intersect« (erscheint in Deutschland im Januar 1999 im Aquamarin Verlag unter dem Titel »Reinkarnationsbeweise«) erzielen dürfte, wird diese Quote um ein Beträchtliches spontan nach oben schnellen lassen.

Denn von nun an können wir mit Gewißheit sagen, daß es die Reinkarnation wirklich gibt, woran auch Jesus[1] wie die gesamte frühe Christenheit geglaubt hatte. Doch heute brauchen wir nicht mehr zu 'glauben', denn wissenschaftlich ist die Reinkarnation nun bewiesen, in gleicher Weise, wie das Gravitationsgesetz als gültig bewiesen worden ist. Wir dürfen nun 'wissen', daß es wiederholte Erdenleben gibt und daß Sie, liebe Leserinnen und Leser, sicherlich ebenfalls schon oft auf Erden weilten. Was von Millionen Menschen bisher geglaubt wurde, ist jetzt als wahr aufgedeckt worden. Die Ahnungen beziehungsweise das innere Wissen hat sich nun als richtig bestätigt. Man wird nun nicht mehr wegen dieses 'Glaubens' belächelt, sondern eher darüber befragt werden, wieso man das schon immer geglaubt hatte und wie man sich die Reinkarnation im einzelnen vorstelle.

Bisher wurde den Menschen vorgeschrieben, was sie zu glauben hatten. Man durfte sogar meist noch nicht einmal an dem Glaubensgut, das oft schon Jahrhunderte oder gar Jahrtausende alt ist, rütteln, denn unsere Vorfahren hatten ja schon daran geglaubt, also mußte dieser Glaube sich doch bewahrheitet haben, denn so viele Generationen von Menschen konnten sich doch sicherlich nicht geirrt haben. So haben wir von Generation zu Generation das wiedergekäut, was andere schon im Munde hatten. Durch Rückführungen und die Rückführungstherapie kommen wir aber zu unseren eigenen inneren Quellen, die oft etwas ganz anderes offenbaren als traditionelle Glaubenssysteme uns suggerieren wollen. Unser neues Bewußtsein gründet sich auf das, was aus den inneren ewig frischen Quellen fließt. Der dargereichte Trunk aus abgestandenem Gewässer will uns nicht mehr munden.

Früher hatten wir uns bei unseren Glaubensvorstellungen von dem leiten lassen, was man uns eintrichterte. Wir nahmen die Dinge des Glaubens von außen auf und versuchten sie zu verinnerlichen, was entweder gut oder weniger gut gelang. Dies war eine horizontale Vermittlung von Glaubensvorstellungen. Nun haben viele Millionen von Suchenden entdeckt, daß in jedem Menschen die ewigen Wahrheiten im Inneren zu finden sind. Wir suchen nicht mehr in der Breite nach Wahrheit, sondern zuerst in der Tiefe. Wir gelangen nun somit zu einer vertikalen Vermittlung von Wahrheit. In unserem Inneren ist ein großer Weisheitsschatz verborgen, den nun in einem neuen Zeitalter jeder für sich erschließen kann. Wir laufen nicht mehr wie Hammel einer Glaubensherde hinterher, sondern wir gehen in die eigene Tiefe und sind nun selbstverantwortlich für das, was wir glauben. Einer dieser inneren Schätze, den Wissende und Weise zu allen Zeiten in sich entdeckt hatten, ist die Reinkarnation.

Diese wurde von den großen Religionen, die sich über das Abendland ausbreiteten, abgewiesen. Denn nach den Grundsätzen der Reinkarnation ist jeder auf dem Weg durch die vielen Erdenleben selbst für seine spirituelle Weiterentwicklung, sprich sein Seelenheil, verantwortlich. Demzufolge wären übergeordnete Glaubensinstitutionen überflüssig und wären damit ihrer Macht über den Menschen beraubt. Aus diesem Grunde ist es nur allzu verständlich, warum zum Beispiel die christliche Kirche die Katharer des dreizehnten Jahrhunderts vollständig in einem grausamen Kreuzzug vernichtete; diese glaubten an die Reinkarnation und hatten sich also vom Papsttum losgesagt. Viele Theologen sehen mit Bedauern, wie ihre Gläubigen vom Bummelzug des Kirchenglaubens abspringen und überwechseln in den Intercity-Expreß eines neuen Zeitalters, in welchem die Reinkarnation zur selbstverständlichen Ausstattung gehört. Darum plädieren viele Theologen für eine Modernisierung des Kirchenzuges, damit dieser ebenfalls mit den zeitgemäßen Ausstattungen versehen wird, also auch mit der Reinkarnation. Aber vielleicht bedarf dieser Zug auch noch einer schnelleren Zugmaschine, um mit den anderen Zügen mithalten zu können. In Brasilien glauben etwa achtzig Prozent der katholischen Bevölkerung an die Reinkarnation. Für sie bedeutet ihr Glaube an die Reinkarnation keinen Bruch mit dem Kirchenglauben. So sind denn dort die Kirchenoberen weise genug, den Glauben an die Reinkarnation nicht zu verbieten, da sie ansonsten leere Kirchen haben würden, vielmehr ersuchen sie den Papst, die Reinkarnation anzuerkennen. Dieser hält ihnen jedoch entgegen, daß er in dieser Angelegenheit nichts zu unternehmen vermöge, da sich noch über die Hälfte seiner Kardinäle gegen eine Anerkennung der Reinkarnation sträubt.[2] Warum setzt er nicht seine Wunderwaffe, die da heißt 'Ex Cathedra', ein, und 'verordnet' den Glauben an die Reinkarnation, ähnlich wie dieser in der Urchristenheit schon bestanden hatte, nur um die neuesten Reinkarnationserkenntnisse bereichert? Oder soll die Christenheit darauf warten, bis die betagten Kardinäle das Zeitliche gesegnet und neue Kardinäle ihren Hut aufgesetzt haben? So in etwa denken viele moderne Theologen, die sich schon einmal in jenem oben beschriebenen Intercity-Expreß umgesehen haben und die auch hin und wieder in meinen Rückführungsseminaren anzutreffen sind.

Wer bisher nicht von der Reinkarnation überzeugt ist und weiterhin bei seiner Ablehnung bleiben will, den warne ich, dieses Buch zu lesen. Wenn Sie es trotzdem lesen wollen, dann machen Sie sich darauf gefaßt, daß sich einiges in Ihrem Weltbild drastisch ändern dürfte. Also darum nochmals die Warnung: Machen Sie sofort dieses Buch wieder zu, sonst könnten Sie ein anderer werden, als der, der Sie bisher waren. Sie könnten sonst mit Ihrem Kirchenglauben in Konflikt kommen. Das wollen Sie doch sicherlich nicht? Sie könnten jedoch auch, wenn Sie eher dem wissenschaftlich ausgerichteten Denken folgen, mit dessen Weltbild in Widerspruch geraten. Auch das wollen Sie doch sicher nicht? Sie wollen doch auch sicher nicht so alte Übergötter wie Marx, Freud, Heidegger zum 'alten' Eisen zählen wollen? Dieses Buch könnte für Sie geistiges Dynamit sein. Also: schnellstens weg mit diesem Buch!

Denn hier wird der nun nicht mehr wegzudisputierende Beweis geliefert, daß wir Menschen viele Leben haben, daß unser heutiges Leben nur eine Fortsetzung einer ganzen Kette von früheren Leben ist. Ist dieser Gedanke erst einmal ganz akzeptiert – und es besteht für mich keinerlei Zweifel daran, daß es so kommen wird, denn eine Wahrheit setzt sich letzten Endes immer durch –, dann wird sich unser ganzes Denken über die Welt und über uns selbst vollständig revolutionieren.

I.

Kinder erinnern sich an ihre früheren Leben

Der Junge, der mit seiner früheren Mutter wieder zusammen wohnt

Beginnen möchte ich mit einer Geschichte, die mir Dr. Tag Powell, ein mit mir befreundeter amerikanischer Verleger, Seminarleiter und Autor von Büchern und Kassetten, während der Buchmesse in Frankfurt anvertraute.

»Weißt du, Tom (so werde ich von meinen Freunden genannt), ich kann dir eine Geschichte über einen Fall von Reinkarnation erzählen, der derart erstaunlich ist, daß er wohl jeden Skeptiker in einen überzeugten Anhänger der Reinkarnation verwandeln würde. Jedoch bin ich nicht befugt, die Namen des Ehepaares und dessen Sohnes preiszugeben. Ich bin sicher, daß du jenes Ehepaar zumindest vom Namen her kennst, denn er ist ein bekannter Autor und gibt mit seiner Frau in ganz Amerika Seminare und hält Vorträge.« Zu gerne hätte ich den Namen dieses Paares gewußt, aber ich wollte Tag nicht veranlassen, sein Versprechen, das er jenem Ehepaar gegeben hatte, zu brechen. Dennoch fragte ich: »Hält er Seminare über spirituelle Themen wie Reinkarnation, Astrologie oder ....?« »Nein, nein«, so unterbrach mich Tag, »er ist ein 'bloody scientist' (ausgemachter Wissenschaftler), und eines seiner Bücher ist zu einem landesweiten Bestseller geworden. Er ist Inhaber vieler Patente. Seine Frau ist ebenfalls Wissenschaftlerin und Autorin.

Beide haben einen Sohn, den ich Michael nennen möchte. Als Baby wollte er unbedingt die Rolexuhr von seinem Vater in seinen Händen halten. Er griff immer wieder danach. Als er die ersten Worte sprechen konnte, deutete er auf die Uhr und sagte 'mein'. Eines Tages, als die Eltern ihn beim Namen nannten, deutete er auf sich und sagte: 'Sunny'. Er bestand so lange energisch darauf, Sunny genannt zu werden, bis die Eltern sich darauf einließen und ihn also Sunny nannten. Wenige Monate später sagte der Knirps: 'Ich Sunny Ray'.

Die Mutter ließ sich schnell auf diesen Namen ein, bedeutete er doch 'Sonnenschein', so daß sie ihn von nun an 'mein kleiner Sonnenschein' (my little sun ray) nannte. Eines Tages sagte er, daß er eine Frau habe, die Dawn hieße und daß sie beide in Texas gewohnt hätten. In seinem heutigen Elternhaus wurde meist nur klassische Musik gehört. Wenn jedoch einmal aus dem Radio ein Country- oder Western-Song ertönte, sang Michael mit, ja, er schien sogar die Worte zu wissen. Eines Tages sah sich Michael mit der Mutter ein Buch mit den Abbildungen von Hunden an. Plötzlich deutete er auf einen weißen Spitz und rief aufgeregt: 'Das ist Willy, das ist mein Hund!' Die Eltern selbst haben trotzdem nie ernsthaft daran gedacht, daß ihr Sohn irgend etwas aus einem früheren Leben erzählen könnte.

Einige Zeit später – ihr Sohn war damals sieben Jahre alt geworden – hielt dieses Ehepaar in Texas ein Seminar ab. Eine der Teilnehmerinnen hieß Dawn Ray. In einer Pause redete Michaels Vater jene Frau an und fragte sie, ob sie verheiratet sei. Sie verneinte und entgegnete: 'Ich bin seit acht Jahren verwitwet.' 'Wie hieß Ihr Mann mit Vornamen?' 'Sunny', sagte sie. Das Ehepaar schaute sich verwundert an. Sie baten jene Frau, nach dem Seminar doch bitte in ihr Hotel zu kommen, denn sie hätten ihr etwas Wichtiges mitzuteilen. Dort erklärten sie ihr, daß sie einen Sohn hätten, der behauptete, in einem früheren Leben mit einer Dawn Ray aus Texas verheiratet gewesen zu sein. 'Hatten Sie eigentlich einen weißen Spitz?' fragte Michaels Mutter. 'O ja, es war unser Willy. Sunny und er waren unzertrennlich!' Frau Ray war nun ganz erpicht darauf, Michael kennenzulernen. Die Eltern riefen zu Hause an und arrangierten den Flug, so daß der Siebenjährige schon zwei Tage später zu ihnen fliegen konnte. Sie hatten ihrem Sohn am Telephon nicht verraten, warum er so plötzlich nach Texas kommen sollte. Nachdem sie ihn am Flugplatz abgeholt hatten, brachten sie ihn gleich, wie abgemacht, zu jenem Haus, wo Frau Ray wohnte. Als diese die Tür öffnete, erkannte der Junge jene sogleich und rief erfreut aus: 'Dawn!' Er breitete seine Arme aus und lief der dennoch verdutzten Frau Ray in die Arme, umarmte sie und gab ihr einen dicken Kuß auf die Wange.

Schließlich nahmen alle im Wohnzimmer Platz. Die noch immer skeptische Frau Ray fragte Michael, ob er dieses Haus kenne, doch verneinte jener. Sie erklärte daraufhin, daß sie erst zwei Jahre nach Sunnys Tod in dieses Haus gezogen sei. Daraufhin fragte Michael, ob sie ihm seine Gitarre aufgehoben hätte. Frau Ray war über diese Frage sehr erstaunt, ging zu einem Schrank hinüber und entnahm diesem eine Gitarre, die sie in die ausgestreckte Hand des kleinen Mannes gab. Wie ein geübter Gitarrenspieler nahm Michael dieses Instrument in seine Hand. Und obwohl die Grifffläche nicht für die Hand eines Siebenjährigen geeignet war, begann er nach einigen Versuchen ein bekanntes Country-Lied zu spielen und zu singen. Dieses versetzte besonders seine Eltern in Erstaunen, hatte doch ihr Sohn ihres Wissens nach noch nie Gitarre gespielt. Danach fragte er Frau Ray, die er nur noch Dawn nannte, ob sie ihm auch seine Uhr aufgehoben hätte. Sie holte eine Schachtel herbei, in der sich die Uhr befand. Es war eine Rolex, ein genaues Duplikat von jener, die sein heutiger Vater trug. Dann fragte er sie nach seiner Kamera. Doch die Eltern wollten zuerst von ihm wissen, wie sie aussah. Als er sie beschrieben hatte, holte Dawn jene Kamera hervor, die genau so aussah, wie soeben beschrieben. Auch seine Pfeife, die er dann haben wollte, mußte er zuerst genau beschreiben.«

Und Tag schloß seine Berichterstattung mit der Bemerkung : »Ich hätte gerne jenem Abend beigewohnt«. »Ich auch«, entfuhr es mir. »Mensch Tag, das ist wirklich eine tolle Geschichte!« »Aber das Tollste kommt erst noch«, fuhr er fort. »Dawn verkaufte ihr Haus und zog zu jener Familie nach Kalifornien und kümmerte sich um Michael, da seine Eltern doch meistens auf Reisen waren. Später zog sie nach New York. Michael hatte jedoch so große Sehnsucht nach Dawn, daß die Eltern ihm gestatteten, trotz seiner damals vierzehn Jahre zu ihr nach New York zu ziehen, wo sie seitdem zusammen leben.« »Wenn diese Geschichte sich wirklich so oder ähnlich abgespielt haben sollte, dann ist sie eine Sensation ersten Grades«, sagte ich. »So wahr ich hier stehe, Tom, diese Geschichte hat sich wirklich ereignet.»[3]

Liebe Leserin und lieber Leser, mir ist vor Spannung damals fast der Mund offen stehen geblieben. Vielleicht wäre es Ihnen ebenso ergangen. Und nun nochmals ein Wort an die verehrten Skeptiker, die auf keinen Fall an die Reinkarnation zu glauben geneigt sind und trotzdem noch diesen Bericht gelesen haben könnten: Jetzt haben Sie noch die Gelegenheit, das Buch schnellstens aus der Hand zu legen, denn sonst könnte es sein, daß Sie zugeben müßten, daß doch was an der Reinkarnation wahr sein könnte. Den übrigen Leserinnen und Lesern möchte ich aber nun über weitere erstaunliche und oft nicht mehr anzuzweifelnde Fälle berichten.

Bei denselben Eltern als Zwillinge wiedergeboren

Am 5. Mai 1957 wurden in Hexham, England, die elfjährige Joanna und ihre sechsjährige Schwester Jacqueline Pollock von einer durch Drogen halb bewußtlosen Frau auf dem Bürgersteig mit dem Auto überfahren. Trotzdem die Trauer der Eltern über den Verlust ihrer einzigen Kinder groß war, konnten sie nach einigen Monaten der schuldigen Fahrerin in einem Brief vergeben.4

Als Frau Pollock ein Jahr später wieder schwanger wurde, offenbarte ihr nach einer Eingebung der Ehemann, daß sie Zwillinge, zwei Mädchen, zur Welt bringen würde und diese beiden niemand anderes wären als ihre beiden verlorenen Töchter. Obwohl Frau Pollock sich daraufhin untersuchen ließ und ihr vom Gynäkologen versichert wurde, daß es sich nicht um Zwillinge, sondern nur um ein einziges Kind des »einen« hörbaren Herzschlags wegen handeln könne, war Herr Pollock weiterhin davon überzeugt, daß seine Eingebung' richtig gewesen sein mußte.

Und er sollte recht behalten. Am 4. Oktober 1958 wurde Frau Pollock von zwei eineiigen Mädchen entbunden. Die um zehn Minuten früher geborene erhielt den Namen Gillian, die als zweite Geborene den Namen Jennifer.

Als der Vater seine neuen Töchter bewundert hatte, fiel ihm plötzlich bei der jüngeren eine Narbe auf, die seine verstorbene jüngere Tochter Jacqueline genau an eben derselben Stelle oberhalb der rechten Augenbraue gehabt hatte. Jene hatte sich mit etwa drei Jahren beim Fallen dort eine Wunde zugezogen, und davon war ihr eine auf der Stirn sichtbare Narbe geblieben. Außerdem entdeckte er zu seiner großen Überraschung, daß an der gleichen Körperstelle, an welcher Jacqueline ein daumengroßes braunes Muttermal hatte, nun sein jüngeres Zwillingstöchterchen ebenfalls genau den gleichen Fleck besaß. All dies waren für ihn Beweise, daß das, was ihm in jener 'Eingebung' mitgeteilt worden war, richtig war, daß nämlich Gillian und Jennifer tatsächlich seine wiedergeborenen ersten Töchter waren. Frau Pollock jedoch, als strenge Katholikin, wies den Gedanken der Reinkarnation immer noch zurück, bis folgendes passierte.

Als die Zwillinge vier Monate alt waren, zogen die Pollocks an einen anderen Ort, um erst zweieinhalb Jahre später zu Besuch nach Hexham zurückzukehren. Und zum Erstaunen der Eltern kannten sich die beiden Töchter genauestens in dieser Ortschaft aus. Ohne das Schulhaus sehen zu können, denn es war noch von der Kirche verdeckt, sagte die eine: »Die Schule ist gleich um die Ecke.« Und die andere Tochter wies auf einen Hügel und sagte: »Dahinter war unser Spielplatz. Dort gab es eine Rutsche und eine Schaukel.« Auf ihr früheres Haus zugehend, erkannten es beide Schwestern sogleich wieder. Doch noch immer wollte Frau Pollock, anders als ihr Mann, nicht daran glauben, daß ihre Zwillinge die wiedergeborenen verstorbenen Töchter seien.

Als die Zwillinge vier Jahre alt waren, öffnete Herr Pollock eine seit über drei Jahren verschlossene Kiste, in welcher das Spielzeug seiner ersten Kinder verwahrt war, und legt einiges davon vor die Schlafzimmertüre seiner Zwillinge. Er wollte sehen, ob diese ihre 'früheren' Spielzeuge wiedererkannten.

Als die Töchter aus dem Zimmer kamen – und die Mutter stand davor, um als Zeugin ihrer Reaktionen dabei zu sein – , hob Jennifer die erste Puppe hoch und sagte: »Oh, das ist Mary! Und (die zweite Puppe hochhebend) das ist meine Susanne! Ich habe sie seit langem nicht mehr gesehen.« Sie nannte dieselben Namen, die damals Jacqueline ihren beiden Puppen gegeben hatte. »Die hat uns damals der Weihnachtsmann gebracht.« Und zu Gillian gewandt, deutete sie auf ein anderes Spielzeug und sagte: »Und das ist deine Waschmaschine.« Nun war auch Frau Pollock davon überzeugt, daß ihre Zwillinge wirklich ihre beiden früheren Töchter waren und daß ihre Kirche sich wenigstens darin irren mußte, daß sie den Glauben an die Wiedergeburt von sich wies.

Beide wiedergeborenen Kinder entwickelten eine Übervorsicht beim Überqueren von Straßen und zeigten Angst vor herannahenden Autos. Die ältere Gillian kämmte besonders gern die Haare von anderen und ganz besonders gern das Haar ihres Vaters. Genau diese Vorliebe hatte sich auch bei der tödlich verunglückten Joanna gezeigt. Joanna war fünf Jahre älter gewesen als ihre Schwester Jacqueline. Beide liefen schon damals Hand in Hand miteinander herum und schienen unzertrennlich zu sein. Jacqueline hörte immer auf ihre ältere Schwester. Was diese sagte, war für sie richtig. Das gleiche Verhalten taucht auch bei diesen Zwillingen wieder auf. Die um zehn Minuten Jüngere überläßt ihrer Schwester die Entscheidungen und befolgt, was diese ihr sagt. Beide gehen wieder wie vormals Hand in Hand. Und wie schon bei den verstorbenen Schwestern, schien die eine nie etwas anderes als die andere zu tun.[5]

Wären Sie nicht ebenfalls wie Frau Pollock trotz eines eventuell strikten Kirchenglaubens davon überzeugt, daß es die Reinkarnation doch gibt, wenn Sie solche Töchter hätten, die Ihnen den Beweis für die Reinkarnation frei Haus liefern würden? In Tausenden von Fällen – und einige davon werden wir uns noch näher betrachten – haben sich bei Eltern solche und ähnliche Dinge mit ihren Kindern abgespielt. Die meisten Eltern verbieten leider ihren Kindern, über solche Dinge zu sprechen. Es mag ihnen unheimlich vorkommen, denn das, was die Kinder sagen, verstößt gegen ihren Glauben. Auch darf auf keinen Fall etwas von dem Vernommenen nach draußen dringen, denn was könnten wohl dann die Nachbarn von einem denken?

In Indien ist der Glaube an die Reinkarnation weit verbreitet, und man kann offen zu anderen darüber reden, was man in einem früheren Leben als wer und wo erlebt hat. Dennoch verbieten viele Eltern ihren Kindern, Erinnerungen an frühere Leben zu äußern, glauben sie doch daran, daß Kinder, die sich an frühere Leben erinnern, früh sterben oder eventuell Heimweh nach ihrer Familie aus dem vorangegangenen Leben bekommen könnten und dementsprechend, so letztere wiederaufgefunden werden sollte, sich mit dieser wieder vereinen möchten.

Schon bevor Professor Ian Stevenson sich daran machte, die Reinkarnation wissenschaftlich zu erforschen, hat es in Indien in den dreißiger Jahren des zwanzigsten Jahrhunderts einen Fall über eine Wiedererinnerung gegeben, der damals weit über die Grenzen Indiens hinaus bekannt geworden war, da neben den parapsychologisch ausgerichteten Zeitschriften auch andere darüber berichteten. Es handelt sich um den Fall der Shanti Devi.

Die Mutter umarmt ihren eigenen Sohn, der älter ist als sie selbst

Obwohl Shanti Devi, am 11. Dezember 1926 in Delhi geboren, als Kind mit Worten sehr zurückhaltend war, begann sie schon im Alter von drei Jahren davon zu sprechen, daß ihr Zuhause in Mathura sei, einer Stadt zwischen Neu Dehli und Agra gelegen. Als sie vier Jahre alt war, erzählte sie mehr aus ihrem früheren Leben, auch davon, daß sie verheiratet sei. Ihre Schwestern zogen sie mit ihrem angeblichen Ehemann und anderem auf, so daß die Mutter oft die Kleine, die sich gegen die Schwestern beharrlich mit Worten verteidigte, in Schutz nehmen mußte. Shanti erzählte ihr, daß sie aus einem vornehmeren Hause komme, daß dies jetzige Haus nicht ihr Zuhause sei. Und zu ihr gewandt, sagte sie: »Du bist nicht meine wirkliche Mutter. Du siehst nicht so aus wie sie.« Sie beschrieb ihr weiterhin, daß ihr Mann früher einen Tuchwarenladen hatte und daß ihr Haus in Mathura ganz gelb angestrichen sei. Die Eltern wollten dem allen keinen Glauben schenken.

Eines Tages weigerte sie sich, das aufgetischte Essen einzunehmen. Auf die Frage hin, warum sie nicht essen wolle, antwortete sie: »Ich will satvatisches Essen«. »'Satvatisches Essen?' Wo hast du diesen Ausdruck her? Niemand hat diesen Ausdruck je gebraucht«. »Dieses Wort gebrauchen wir in Muttra (Mathura). Wir essen kein Fleisch. Es ist nicht recht, daß man Tiere ißt. Es ist ein furchtbares Verbrechen. Dennoch essen Menschen Fleisch, jedoch wir essen keines.« Auf die Frage der Mutter hin, wen sie denn mit 'wir' meine, entgegnete die Vierjährige, daß sie damit die Familie ihres Mannes meine. »Ich persönlich übernehme es, daß mein Mann nur satvatisches Essen bekommt. Selbst unsere Diener dürfen sein Essen nicht bereiten. Wenn er von seinem Laden beim Dvarkadisch Tempel nach Hause kommt, serviere ich ihm das Essen. Vorher schmecke ich es ab. Er möchte es so haben.« Der Vater war einsichtig genug, der Tochter zu gestatten, fortan nur vegetarische Speisen zu essen.

Nach Tisch, als die Tochter gegangen war, sagte Frau Bahadur zu ihrem Mann: »Was haben wir wohl in einem früheren Leben angestellt, daß wir jetzt von solch einem schlimmen Karma heimgesucht werden, indem wir mit einer solch geisteskranken Tochter bestraft worden sind?« Und ihr

Mann entgegnete: »Wenn es wahr ist, daß sie sich an ein früheres Leben erinnert, dann lauert ein Unglück auf sie. Das sagen schon die alten Schriften.« Er bezog sich mit dieser Bemerkung auf den Text der vedischen Schriften, in denen es heißt, daß ein Kind, das sich an frühere Leben erinnert, bald sterben werde. Um dies zu vermeiden, verboten Herr Bahadur und seine Frau ihrer Tochter, weiterhin über ihr früheres Leben in Mathura zu sprechen, in der Hoffnung, daß sie bald ihre Erinnerungen daran verlieren würde, wenn sie wisse, daß sie sich nicht mehr darüber äußern dürfe.

Doch Shanti sprach auch weiterhin über ihr früheres Leben, sogar zu solchen, die in das Haus zu Besuch kamen, in der Hoffnung, daß einer von diesen ihr wenigstens Glauben schenken und sie auf ihre Bitte hin nach Mathura bringen möge. Selbst als sie in die Schule ging, machte sie den Mitschülern und den Lehrern gegenüber öfter Bemerkungen, die sich auf ihr früheres Leben bezogen. Ihre Mitschüler machten Scherze darüber, daß sie verheiratet sei und einen Sohn habe. Ihr Klassenlehrer, mit der Familie Bahadur verwandt, interessierte sich für ihren Fall und fragte sie nach vielen Einzelheiten aus, bat sie gar, ihm den Namen ihres früheren Gatten zu nennen. Jedoch für eine Hindu-Frau geziemt es sich nicht, den Namen ihres Mannes zu nennen. Sie entgegnete vielmehr: »Wenn ich ihn sehe, werde ich ihn erkennen.« Als schließlich der Lehrer ihr versprach, sie zu ihm nach Mathura zu bringen, so sie ihm den Namen nennen würde, sagte sie schließlich: »Mein Mann heißt Pandit Kedernath Chobey.« Nachdem sie ihm auch noch die volle Anschrift genannt hatte, berichte er seinem Freund, dem Direktor der Schule, darüber, und beide beschlossen, auf gut Glück einen Brief an jene Adresse zu schreiben, der folgendermaßen lautete:

»Hochverehrter Herr!

Ich habe ein Mädchen kennengelernt, das Shanti Devi heißt und in Delhi in dem Stadtteil Chirakhana wohnhaft ist. Sie ist die Tochter des Geschäftsmannes Rang Bahadur Mathur. Sie ist immer noch ein Kind, das noch nicht neun Jahre alt ist. Sie ist in der Lage, über Sie sehr erstaunliche Einzelheiten zu berichten. Folgendes behauptet sie: 'In meinem früheren Leben war ich eine Chobey aus Mathura. Ich gehörte der Brahmanenkaste an, und mein Ehemann hieß Kedernat. Er hatte einen Laden in der Nähe des Dvarkadish Tempels. Die Farbe meines Hauses war gelb. Ich hieß Lugdi Devi.'

Darf ich Sie, verehrter Pandit, damit belästigen und Sie bitten, mich freundlicherweise darüber in Kenntnis zu setzen, ob an diesen Behauptungen irgend etwas wahr sein könnte. Hat eine Lugdi Devi existiert? Und lassen Sie mich bitte wissen, wenn es Sie überhaupt geben sollte.

Möge Gottes Segen auf Ihnen ruhen
mit größter Ehrerbietung
Ihr

Lala Kishan Chand, Direktor der Ramja Schule, Daryganj, Delhi»

Wie groß war das Erstaunen der beiden Lehrer, als sie einige Wochen später einen Antwortbrief von eben dieser Person in den Händen hielten, der folgendermaßen lautete:

»Lala Kishan Chand, Direktor der Ramja Schule, Daryganj, Delhi.

Ich war äußerst überrascht und sogar ganz aufgeregt, als ich Ihren Brief las. Das, worüber Sie geschrieben haben, ist absolut richtig. Ich hatte eine Frau, die Lugdi Devi hieß. Sie ist verstorben. Ich habe wirklich einen Laden in der Nähe des Dvarkadish Tempels. Wer ist jenes Mädchen, das dies alles weiß? ....»

Herr Chobey, der wissen wollte, ob jenes Mädchen wirklich seine verstorbene Ehefrau war, hatte einen – wie in dem obigen Brief im weiteren angekündigt – in Delhi wohnenden Cousin gebeten, das Haus von Shanti Devis Eltern in jener Großstadt aufzusuchen, um mehr über deren Tochter zu erfahren und letztere zugleich zu testen, ob sie sich wirklich an ihn und ihr gemeinsames früheres Leben erinnern könnte. Als dieser Cousin Shanti nun gegenübergestellt wurde, erkannte sie ihn sofort als einen jüngeren Cousin ihres Mannes und nannte ihn beim Namen. Shanti fragte ihn nun nach ihrem Sohn Nabanita Lall, ob er noch lebe und es ihm gut gehe. Sie beschrieb ihm die Räumlichkeiten ihres Hauses und auch des Tuchladens, der sich direkt vor dem Dvarkadish Tempel befand. Der Cousin ihres früheren Mannes war von all ihren exakten Angaben so überzeugt, daß er ihm nicht, wie mit Herrn Chobey abgemacht, über seine Eindrücke brieflich berichtete, sondern sogleich zu diesem reiste, um ihm zu sagen, daß Shanti Devi wirklich seine frühere Frau sei.

Von seinem Cousin nun neugierig gemacht, beschloß Herr Chobey, mit seiner jetzigen Frau, dem Sohn aus erster Ehe und seinem Cousin nach Delhi zu reisen, um dieses Mädchen selbst in Augenschein zu nehmen. Als sie dort ankamen, war Shanti gerade in der Schule. Es wurde abgemacht, daß Herr Chobey sich bei Shantis Familie als sein älterer Bruder ausgeben sollte. Damit wollte er das Mädchen wiederum einem Test unterziehen und auch sichergehen, daß dessen Familie, die ja eigentlich nicht wissen konnte, wer wirklich gekommen war, Shanti nicht vorher noch informieren konnte. Als die Achtjährige aus der Schule nach Hause kam, wurde ihr gesagt, daß im Zimmer nebenan Besuch für sie gekommen sei.

Als sie das Zimmer betrat, erkannte sie sofort ihren früheren Ehemann. Ohne ein Wort zu sagen, jedoch mit Freude in den Augen, verneigte sie ihren Kopf in scheuem Respekt vor ihm und stellte sich, wie es sich für eine Hindu-Ehefrau in Gegenwart des Gatten gebührt, neben seine Seite. Man fragte sie, warum sie das täte, denn der Mann neben ihr sei doch nur der ältere Bruder von Herrn Chobey. Doch Shanti erwiderte in aller Ruhe: »Nein, er ist mein Ehemann. Ich habe euch immer von ihm erzählt.« Und als ihr Blick nun auf den zehnjährigen Jungen fiel, wußte sie sofort, daß es ihr Sohn war. Sie umarmte ihn und weinte lange. Dann forderte sie ihre Mutter auf, all ihre eigenen Spielsachen herbeizuholen, um sie ihrem Sohn Nabanita zu überreichen. Als diese zögerte, rannte sie selbst los, und kehrte wenig später mit all ihren Spielsachen zurück. Obwohl sie mehr als ein Jahr jünger als Nabanita war, konnte jeder in ihren Blicken und in ihren Gesten eine mütterliche Liebe wahrnehmen. Da Shanti von all dem selbst so sehr gerührt war, mußte sie öfter weinen und steckte schließlich auch alle Anwesenden mit ihren Tränen an.

Schnell hatte sich in der Nachbarschaft dieses außergewöhnliche Familienzusammentreffen herumgesprochen, so daß sich in kürzester Zeit eine große Anzahl von Neugierigen eingefunden hatte.

Herr Chobey schlug vor, in einer offenen Pferdekutsche zusammen irgendwo hinzufahren, um dem Trubel zu entgehen. Bei dem Spaziergang gingen Shanti und Nabanita Hand in Hand. Später zurückgekehrt, bat die Tochter ihre Mutter, ein Mahl herzurichten, und sie nannte dabei all jene

Gerichte und Zutaten, die ihr Mann besonders geliebt hatte. Auch erkannte sie ihre früheren Schmuckstücke wieder, die Herrn Chobeys jetzige Frau trug. Nach dem Essen fragte sie ihren Mann, warum er wieder geheiratet hätte: »Hatten wir nicht abgemacht, daß keiner nach dem Tod des anderen wieder heiraten würde?« Herr Chobey, wie später Shantis Vater dem Journalisten Jeffrey Iverson berichtete, blickte verlegen zu Boden. Später forderte er Shanti auf, ihm noch mehr über ihr Haus zu erzählen. Und Shanti antwortete: »Im Inneren des Hauses gibt es einen Hof. Dort befindet sich der Brunnen. Ich habe mich oft auf dessen Rand gesetzt, um dort mein Bad zu nehmen.« Noch viele andere Fragen wurden seitens der früheren Verwandtschaft an sie gestellt. Herr Chobey fragte Shanti, wie es komme, daß sie ihren Sohn sogleich als solchen wiedererkannt habe, denn am Tage ihres Todes war er erst neun Tage alt. Shanti, wie eine Weise, sagte spontan: »Er ist mein Leben. Mein Leben hat sein Leben wiedererkannt.« Herr Chobey bat darum, daß er sich mit Shanti und seiner Frau zurückziehen könne, denn er wolle mit ersterer über private Dinge reden. Als sie schließlich zu den anderen zurückkehrten, verkündete er: »Niemand außer meiner früheren Gattin und mir könnten diese Dinge alle wissen. Dieses Mädchen ist meine verstorbene frühere Frau Lugdi. Ich habe nicht mehr die geringsten Zweifel daran.«[6]

Sie, verehrte Leserin und verehrter Leser, könnten Sie noch Zweifel an der Echtheit dieses Erlebnisses haben? Jedoch ein ausgemachter Kritiker zweifelt alles an, was nicht in sein Weltbild paßt, ganz egal, wie glaubwürdig alles auch dargestellt sein mag. Daß ein Mensch kritisch ist, ist selbstverständlich löblich, solange er bereit ist, die Dinge genau zu überprüfen und dann unvoreingenommen sich dafür zu entscheiden, was er akzeptieren kann und was nicht. Ein solcher unvoreingenommener Kritiker sollte aber auch den Mut zur Wahrheit haben, und so er einmal etwas als wahr erkannt hat, sich dazu auch bekennen. Doch noch ist unsere Geschichte von Shanti Devi nicht zu Ende erzählt.

Diese Ereignisse sprachen sich mit Windeseile herum. Die Zeitung *Indian Press* schickte seine Reporter, und am folgenden Tag konnten Millionen von Lesern über diese Sensation lesen. Von verschiedenen Seiten bedrängte man nun Herrn Bahadur, Shanti Devis Wunsch nun endlich zu erfüllen und sie nach Mathura fahren zu lassen. Doch Herr und Frau Bahadur befürchteten, die Tochter dort an die frühere Familie zu verlieren, weshalb sie strikt ablehnten. Mahatma Gandhi, der sich für diesen Fall von der Rückerinnerung eines Mädchens an ein früheres Leben sehr interessiert zeigte, beschloß nun in eigener Person, Shanti Devi aufzusuchen, um zum einen persönlich an sie die verschiedensten Fragen zu stellen und zum anderen die Eltern zu bitten, die Tochter nach Mathura reisen zu lassen. Den Bitten eines solch illustren Mannes, den die Inder schon zu Lebzeiten als eine Gottheit verehrten, konnten Herr und Frau Bahadur sich nicht verschließen. Schließlich wurde ein Komitee gebildet, um diesen Fall wissenschaftlich zu untersuchen. Diesem gehörten fünfzehn ausgesuchte Honoritäten an – neben dem Herausgeber einer der größten indischen Zeitschriften auch ein Rechtsanwalt und ein Abgeordneter des indischen Parlaments. Sie beschlossen, Shanti Devi nach Mathura zu begleiten, um an Ort und Stelle ihre Angaben überprüfen zu können. Sie selbst war vorher noch nie dort gewesen, und auch ihr Vater versicherte eidesstattlich, nie in Mathura gewesen zu sein. Am 24. November 1935 – zwölf Tage nachdem Herr Chobey Shanti in Delhi besucht hatte – bestiegen Shanti Devi, ihre Eltern und das ganze Komitee, begleitet von Journalisten, den Zug, der sie innerhalb von drei Stunden nach Mathura bringen sollte. Im Zug erwähnte die fast Neunjährige, als jemand die augenblickliche Uhrzeit erwähnte, daß jetzt in Mathura um diese Zeit die Pforten des Dvarkadish Tempels geschlossen würden. Statt des Wortes 'Tor', wie es in ihrer Hindisprache lautete, gebrauchte sie ein Spezialwort, wie es nur in der Gegend von Mathura gebräuchlich war.

Als sie in jener Stadt ankamen, hatten sich Abertausende von Schaulustigen, durch die Zeitungen von der Ankunft Shanti Devis informiert, auf dem Bahnhof versammelt. Ein großer Mann, mit einem Turban auf dem Kopf und einem Stock in der Hand, bahnte sich seinen Weg durch die Menge, stellte sich vor dem Mädchen auf und sagte: »Kennst du mich?« Shanti beugte sich in Ehrfurcht herab und berührte seine Füße. Daraufhin erhob sie sich und stellte sich neben ihn. Zu einem der Komiteemitglieder sagte sie: »Dies ist der älteste Bruder meines Mannes.« Als sie nun in einem offenen Pferdewagen durch die Straßen fuhren, konnte sie genau sagen, welche der Straßen früher noch nicht geteert waren, und konnte auch die Häuser bezeichnen, die vorher noch nicht dort gestanden hatten. An einer Kreuzung angekommen, stieg sie vom Wagen herunter und führte das Komitee zu ihrem Haus, das von einer riesigen Menge von Menschen umstanden war. Dort wartete ein älterer Mann in der Kleidung eines Brahmanen. Sie verbeugte sich vor ihm und sagte: »Dies ist mein Schwiegervater.« Unter der Menge entdeckte sie den fünfundzwanzigjährigen Bruder und den Bruder ihres Schwiegervaters aus ihrem früheren Leben.

Zu ihrem Erstaunen war das Haus nicht gelb, wie sie es in Erinnerung hatte. Man sagte ihr nun, daß dieses Haus nach ihrem Tod in den Besitz anderer übergegangen war und daß die neuen Besitzer es anders angestrichen hätten. Als man sie durch das Haus führte und sie auf die vielen Veränderungen hinwies, sagte einer der Anwesenden, ob sie wisse, wo die »Jajarie Khann« sei. Dieses Wort wird nur in dieser Gegend gebraucht, wäre ihr also als dem Hindumädchen aus Delhi unbekannt. Doch sie ging die Treppe nach unten und zeigte auf die Toilette.

Am Nachmittag nahm eines der Komiteemitglieder Shanti der Menge wegen auf die Schultern, denn ihre Aufgabe war es nun, jenes andere Haus zu finden, in welchem sie ebenfalls mit ihrem früheren Gatten gewohnt hatte. Ihren Anweisungen folgend, wurde sie vor ein Gebäude getragen, von dem sie sagte: »Das ist mein Haus.«

Sie führte das Komitee in das Haus. Sie gelangten zuerst auf den Innenhof. Dort erschrak sie, als sie den Brunnen nicht mehr fand, an dem sie sich gewaschen hatte. Sie deutete auf eine Stelle und sagte, daß hier der Brunnen gewesen sei. Man hob eine Steinplatte aus dem Boden und entdeckte darunter eben jenen Brunnen. Weiterhin geleitete sie das Komitee durch das Haus und bezeichnete die Räume.

Im Schlafzimmer angekommen, deutete sie auf den Fußboden und sagte: »An dieser Stelle habe ich mein Geld versteckt. Wenn ihr hier unter dem Boden nachforscht, werdet ihr eine Kassette mit 150 Rupien finden.« Man öffnete in Anwesenheit von Herrn Chobey, ihrem früheren Mann, den Boden und fand tatsächlich jene beschriebene Kassette. Doch befand sich darin kein Geld. Darüber war Shanti sehr erstaunt und sagte, jemand müsse es von dort entwendet haben. Herr Chobey erklärte ihr nun, daß er es war, der nach ihrem Tod die 150 Rupien aus dieser Kassette entnommen hatte.

Danach führte Shanti das Komitee zum Jumna Fluß, um ihnen zu zeigen, wo sie immer gebadet hatte. Plötzlich zeigte sie auf ein Haus und sagte: »In diesem Haus wohnten meine Eltern.« Sie rannte plötzlich zu diesem Haus hinüber. Das Komitee hatte sich also zu beeilen, um nicht zurückzubleiben. In jenem Haus befanden sich fünfundvierzig Leute. Sie erkannte unter ihnen sofort ihre frühere Mutter und setzte sich auf deren Schoß. Diese alte Frau fragte nun das Mädchen, ob es ihr etwas sagen könne, was sie beide nur von früher her wüßten. Und Shanti erinnerte sie daran, das diese Mutter ihr auf dem Sterbebett versprechen mußte, Blumen und Süßigkeiten dem Gott Krishna für sie zu überbringen. Und auf die Frage der bald Neunjährigen hin, ob sie dieses Versprechen eingehalten hatte, mußte die Mutter zugeben, das Einhalten dieses Versprechens vergessen zu haben. Und Shanti Devi sagte mit einem Bedauern: »Warum haben alle ihre Versprechen nicht eingehalten? Warum belügt man immer die Sterbenden?«

Die alte Frau, durch die vielen nun berichteten gemeinsamen Erlebnisse aus der früheren Zeit von der Echtheit überzeugt, daß dieses Mädchen ihre frühere Tochter Lugdi war, umarmte sie immer inniger. Schließlich begann sie, ganz fürchterlich zu weinen. Shanti begrüßte auch ihren früheren Vater, der auch aus Rührung zu weinen angefangen hatte. Auch die übrigen Anwesenden waren zu Tränen gerührt.

Shantis jetzige Eltern hatten ihre Tochter ebenfalls nach Mathura begleitet und wohnten nun dieser bewegenden Szene bei. Frau Bahadur stand entsetzliche Qualen aus, denn sie glaubte sich dessen nun sicher zu sein, daß ihre Tochter nicht mehr nach Delhi zurückkehren wolle. Diese hatte ihre frühere Mutter wiedergefunden und sie umarmten sich, als ob sie sich nie wieder voneinander als Familie trennen wollten. Und Frau Bahadur wandte sich in Verzweiflung an ihren Mann und sagte: »Sie wollen uns unsere Tochter stehlen. Und ein jeder nimmt an dieser Verschwörung teil.« Und Shantis frühere Mutter, die die Ängste und Verzweiflung bei jener wahrnahm, sagte: »Lassen wir Shanti entscheiden. Sie allein hat das Recht zu sagen, bei welcher Familie sie bleiben möchte.« Und Herr Bahadur, der schon seine Tochter innerlich abgeschrieben haben mochte, versuchte seine Frau zu trösten, indem er sagte: »Es ist Schicksal, meine Liebe, es ist Karma. Wir alle unterliegen diesem Gesetz.«

Alle, die jetzt in diesem Raum versammelt waren, schauten gespannt auf Shanti, wie sie sich nun entscheiden würde. Diese hatte sich inzwischen wieder gesammelt und ihre Tränen abgewischt. Sie löste sich aus der Umarmung ihrer ersten Mutter und sagte nun im Flüsterton zu dieser und zu ihrem früheren Vater: »Vergebt mir, Mutter Jagti und Vater Chaturbhuj.« Und dann ging sie durch die Tür nach draußen.

Inzwischen hatten sich diese Ereignisse schnellstens herumgesprochen. Ein jeder, der davon vernommen hatte, wollte dieses Mädchen wenigstens gesehen haben. So kostete es einige Mühen, wieder zum Bahnhof zurückzugelangen.

Stellen Sie, liebe Leserin und lieber Leser, sich einmal vor, Sie hätten an Ihrem Wohnort von solch einem Ereignis in unmittelbarer Nähe gehört. Wie hätten Sie sich verhalten? Wären Sie zu Hause geblieben und hätten sich gesagt: »Bestimmt sind Reporter zur Stelle. Die werden schon herausfinden, was an der Sache dran ist. Ich werde ja davon sicherlich morgen in der Zeitung lesen.« Und je nachdem, wie der Reporter über solch einen Fall berichtet, hätten Sie sich von jenem Ereignis ein Urteil gebildet. Aber stellen Sie sich nur einmal vor, jener Reporter hätte einen Vorgesetzten, der von vornherein Reinkarnation und alles, was damit zusammenhängt, für Unsinn ansieht, den es, wo auch immer, aufs energischste zu bekämpfen gilt, wie wäre dann wohl dieser Bericht in der Zeitung ausgefallen? Welche Meinung hätten Sie sich dann bilden können? Wäre es eine objektive gewesen? Oft können Reporter leider die Begebenheiten nicht so wiedergeben, wie sie selbst die Dinge wahrgenommen oder erlebt haben. Auch sie unterstehen den Richtlinien ihrer Zeitungsoberen. Diese bestimmen, was man der Leserwelt vorzusetzen hat oder als Wahrheit weitervermitteln kann. Wenn ein Reporter sich nicht an jene Richtlinien hält, wird er zuerst ermahnt und bei wiederholter Rahmenüberschreitung dann entlassen. Ich kenne einige Journalisten, die von der Reinkarnation vollkommen überzeugt sind, jedoch mit ihrer Überzeugung zurückhalten müssen und schon gar nicht darüber zu schreiben wagen, es sei denn, sie wären den mehr oder weniger 'unseriösen' Blättern zuzuzählen, die sich gerne mit dergleichen Themen befassen, da viele Leser wissen, daß es mehr zwischen Himmel und Erde gibt, als die Schulweisheit uns vermittelt. Sind Sie weiterhin bereit, noch mehr über Shanti Devi lesen zu wollen? Ich gehe einmal davon aus.

Fünf Jahre später machte sich ein wißbegieriger Wissenschaftler daran, den Fall Shanti Devi, die inzwischen zu einer indischen Berühmtheit geworden war, nochmals genauer zu überprüfen. Dieser Dr. Bose suchte den früheren Ehemann von Shanti auf, um herauszufinden, was er mit jenem Mädchen alles besprochen hatte, als er sich bei seinem ersten Besuch mit ihr in ein Nachbarzimmer zurückgezogen hatte. Nachdem Dr. Bose ihm versichert hatte, daß er nicht aus Neugier von jenem Gespräch erfahren möchte, sondern daß es ihn als Wissenschaftler triebe, von diesem Intimgespräch zu erfahren, habe Herr Chobey doch im Anschluß an jenes Gespräch vor anderen verkündet, jetzt auf keinen Fall mehr an der Richtigkeit der Behauptungen Shanti Devis zu zweifeln. Und Herr Chobey sagte ihm, daß er bisher noch zu keinem anderen über sein Gespräch mit Shanti gesprochen habe, so daß Herr Bose der erste sei, dem er nun darüber berichten wolle. Und er erzählte, daß er Shanti gebeten hatte, ihm über Dinge zu berichten, die nur sie und er wissen konnten. Sie meinte, daß zuerst seine jetzige Frau den Raum verlassen solle. Doch ihr früherer Mann versicherte ihr, daß sie auch in ihrer Gegenwart frei sprechen könnte. Sie entgegnete dann: »Frage mich, was du wissen willst, und ich werde dir alles ausführlich beantworten.« Er erinnerte sie daran, wie sie einen Unfall hatte, der ihr damals sehr viel Schmerzen bereitet hatte. Shanti konnte ihm nun in allen Einzelheiten jenen Vorgang schildern und ihm auch genau jene Stelle am Körper zeigen, wo sie sich damals beim Fallen verletzt hatte. Diese genauen Beschreibungen hätten ihn, wie er meinte, vollkommen von der Richtigkeit ihrer Behauptungen überzeugt.

Dr. Bose suchte nun die älter gewordene Shanti selbst auf. Er wollte nochmals aus ihrem Munde den ganzen Vorgang ihres Unfalls hören. Sie konnte sich an diesen noch genauestens erinnern, wie sie im übrigen auch alles, was sie früher mitgeteilt hatte, noch in bester Erinnerung hatte. Und dann fragte Dr. Bose sie: »Kannst du dich auch noch daran erinnern, wie du gestorben bist und was du danach erlebt hast?«

Hier zögere ich als Autor, ob ich Ihnen dieses Gespräch wiedergeben sollte, denn für viele von Ihnen sind jene Wahrheiten, die sich auf ein Leben nach dem Tod beziehen, noch sehr ungewohnt. Aber ich versichere Ihnen, daß ich selbst solcherlei Berichte von Hunderten von Menschen, die ich in ihre jeweiligen früheren Leben zurückgeführt habe und die ich auch die Erlebnisse nach ihrem damaligen physischen Tod wiedererleben ließ, vernommen habe und an ihrer Gültigkeit in den meisten Fällen auch keine Zweifel hege.

Shanti Devi schilderte nun Dr. Bose ihre Erlebnisse beim und nach ihrem Tode. Sie habe sich kurz vor ihrem Ableben in einer Dunkelheit befunden. Doch dort entdeckte sie über sich ein schimmerndes Licht. In einem Zustand, den sie nur als dampfförmig bezeichnen könne, sei sie auf dieses Licht zugeschwebt. Ihren irdischen Körper habe sie nicht mehr auf dem Bett wahrgenommen, da sie sich auch nicht nach ihm umgedreht habe. Sie habe auch keinerlei Schmerzen mehr gefühlt. Doch plötzlich stand sie in einem hellen Licht. Sie sah, wie sich ihr vier jugendliche Gestalten in einem gelben Gewand nahten. Sie führten sie in einen wunderschönen Garten, wie sie einen derartigen nie auf Erden zu sehen bekommen hatte. »Er war«, wie sie sagte, »schöner als ich es mit Worten beschreiben könnte.« Die Wesen dort erschienen ihr wie Heilige. Sie waren beiderlei Geschlechts. Ihr wurde vieles erzählt, so auch, daß es zum Beispiel dort, wo sie jetzt sei, keine Dunkelheit, also auch keine Nacht gebe, sondern immer nur Licht. Alle Menschen seien als Seele gleich, so daß es eigentlich keine Unterschiede gebe, ob einer nun Hindu, Moslem oder Christ sei. Nachdem sie lange Zeit in dieser jenseitigen Welt verbracht hatte, sagte man ihr, daß sie wieder auf die Erde zurückzukehren habe, da sie in Delhi als ein Mädchen wiedergeboren werden würde. Auch wurde ihr schon der Name des Vaters genannt, dessen Tochter sie sein würde. Sie erlebte auch den Abstieg als einen Weg zurück in die Dunkelheit hinein. Und als der skeptische Dr. Bose die Dreizehnjährige nun fragte, wie sie es sich vorstellen könnte, ohne ihre fünf körperlichen Sinne nach ihrem Tod etwas wahrnehmen zu können, antwortete sie, daß sie nicht in der Lage sei, ihm die Dinge, die sie erlebte, zu erklären. Aber ohne den physischen Körper sei sie in der Lage gewesen, sogar durch Mauern hindurchzusehen, also Dinge wahrzunehmen, die mit den körperlichen Augen in dieser Art nicht wahrzunehmen seien. In ähnlicher Weise verhielte es sich mit den anderen Sinnen.

Erst durch die Forschungen der Ärztepioniere Elisabeth Kübler-Ross und Raymond Moody haben wir in den siebziger Jahren über jene Erfahrungen gehört, die Menschen im klinisch toten Zustand erleben, also in jenem Zustand, wo bei ihnen kein Herzschlag mehr gefühlt und auch keine Gehirnwellenaktivitäten mehr gemessen werden konnten. Sie stimmen im wesentlichen mit den von Shanti Devi schon vierzig Jahre zuvor mitgeteilten Erfahrungen überein.

Übrigens ist Shanti Devi 1988 verstorben. Gemäß ihrem Gelübde, das sie als Lugdi ihrem Mann gegeben hatte, hatte sie sich nicht wieder verheiratet. Sie war davon überzeugt, daß sie mit dieser Inkarnation als Shanti Devi ihre irdischen Reinkarnationen abgeschlossen hatte und also nicht mehr auf Erden zurückkehren müsse.

Professor Stevenson bezeichnet diesen Fall als einen 'klassischen' für die Beweisführung eines Reinkarnationsnachweises. Denn die Aussagen, die Shanti Devi vor ihrem Besuch in Mathura gemacht hatte, sind dokumentiert und von Zeugen bestätigt worden. Danach erst wurden die Einzelheiten vor Ort bestätigt. Auch war es Shanti Devi nicht möglich gewesen, über die Person ihres früheren Ehemanns noch über dessen Wohnort etwas zu erfahren. Ebenso war ihr Vater vormals nicht in Mathura gewesen. Hier muß also von einem sehr überzeugenden Fall gesprochen werden, der für die Reinkarnation spricht.

Sicherlich hätte sich der amerikanische Professor gewünscht, daß der Fall Shanti Devi in seine Forschungszeit gefallen wäre, denn diesen hätte er bestimmt mit all seinen wissenschaftlichen Mitteln bis in jede mögliche Einzelheit ausgeforscht. Aber ihm war es vorbehalten, über 2500 Fälle zu recherchieren und über siebzig von ihnen ausführlich zu beschreiben, in welchen vornehmlich Kinder behaupteten, früher schon einmal gelebt zu haben. Er hat in seinem Leben wohl Hunderttausende von Kilometern zurückgelegt, um die vielen Fälle, die ihn die Möglichkeit einer Reinkarnation vermuten ließen, zu überprüfen.

In Brasilien hörte er von einem Fall, in welchem die sterbende Person einer anderen sagte, daß sie als deren Kind wiedergeboren werden wolle. Und tatsächlich, so war es auch geschehen. Für mich hat es den Anschein, daß oft jene Wünsche, die wir in bezug auf ein irdisches Weiterleben in einer zukünftigen Zeit äußern, auch in vielen Fällen wahr werden können. Bei Hunderten von Personen, die ich in ihre früheren Leben zurückversetzte, habe ich sie gerade jene letzten Augenblicke vor dem Tod wiedererleben lassen. Hier setzen die Sterbenden in Gedanken oder auch verbal oft Programmierungen, die in einem nächsten Erdenleben Erfüllung finden.

Ich wünsche, als deine Tochter wiedergeboren zu werden

Maria Januaria de Oliviero war die Tochter eines reichen adligen Gutsbesitzers im Süden Brasiliens. Sie wurde von Freunden Sinha (ausgesprochen Sinja) genannt und hatte eine in einfacheren Verhältnissen lebende Freundin namens Ida, die Ehefrau von Herrn Lorenz, einem deutschstämmigen Schullehrer dieser Gegend. Ihrer beider Wohnorte waren etwa zwanzig Kilometer voneinander entfernt. Mit achtundzwanzig Jahren erkrankte Sinha im Jahre 1918 an Tuberkulose, eine damals noch nahezu unheilbare Krankheit. Auf dem Totenlager sagte sie ihrer Freundin Ida, daß sie als ihre Tochter wiedergeboren zu werden wünsche und fügte hinzu: »Wenn ich als deine Tochter wiedergeboren bin, werde ich dir über das Geheimnis der Wiedergeburt berichten. Ich werde dir dann viele Dinge aus meinem jetzigen Leben erzählen, damit du alles als wahr erkennen wirst.«[7]

Zehn Monate später gebar Ida Lorenz eine gesunde Tochter, welcher der Name Marta gegeben wurde. Als sie noch sehr klein war und nur wenige Worte sprechen konnte, kam der Gutsbesitzer Herr de Oliviero in Begleitung eines Mannes bei der Familie Lorenz auf einen kurzen Besuch herein. Obwohl sich der begleitende Herr dem kleinen Kind sogleich in freundlicher Weise zuwandte, ging dieses jedoch auf Herrn de Oliviero zu, umarmte ihn, streichelte ihn liebevoll am Bart und nannte ihn 'Papa'. Als Marta etwa zweieinhalb Jahre alt war, bat sie ihre ältere Schwester Lola, sie doch zu tragen. Auf deren Ablehnung hin sagte die Kleine: »Als ich groß war und du klein warst, habe ich dich auch oft getragen.«

»Wann warst du groß?« fragte die Schwester zurück. »Damals wohnte ich nicht hier. Ich lebte weit weg von hier, wo es Kühe, Ochsen, Apfelsinen und Ziegen gab, die aber keine Ziegen waren.« (Sie meinte Schafe, wußte aber deren Namen nicht.) Als Lola diese Äußerungen ihrer kleinen Schwester den Eltern wiedergab, waren diese überrascht, trafen diese Aussagen doch genau auf Sinhas Anwesen zu. Sie hatten ihren Kindern nichts von Sinhas damaliger Absicht erzählt, als ihre Tochter wiedergeboren zu werden. Vater Lorenz forschte nun selbst bei seiner jüngsten Tochter nach und sagte, daß er nie dort gewohnt habe, wo es Ziegen gab, 'die aber keine waren', woraufhin die Kleine entgegnete: »Ja, damals hatte ich auch andere Eltern.« Und eine der anderen Schwestern scherzte, indem sie fragte, ob sie denn damals auch ein schwarzes Dienstmädchen gehabt habe, wie sie jetzt selbst eines hätten. Marta erzählte nun, daß sie früher einen schwarzen Diener, eine schwarze Köchin und einen schwarzen Jungen gehabt hätten. Dieser sei eines Tages von ihrem Vater geschlagen worden, da er vergessen habe, Wasser zu holen.

Doch ihr Vater fiel ihr ins Wort und sagte: »Aber ich habe nie einen Negerjungen geschlagen.«

»Aber es war doch mein anderer Vater, der ihn geschlagen hat«, entfuhr es der Kleinen. »Der Negerjunge flehte mich an: 'Sinhazinha, hilf mir!' Ich bat meinen Vater, ihn nicht zu schlagen. Er ließ ihn los, und der Junge lief davon, um Wasser zu holen.«

Und der Vater forschte weiter: »Holte er das Wasser aus einem Bach?« »Nein, nein«, erklärte das Mädchen, »einen Bach gab es nicht, aber eine Quelle.« Der Vater, der das Anwesen der de Olivieros kannte, wußte, daß diese Angaben richtig waren. Und der Vater wollte von ihr weiterhin wissen, wer denn diese Sinha oder Sinhazinha (ausgesprochen Sinjazinja, eine Koseform des ersten Namens, der weiße Katze heißt) gewesen sei. »Das war ich selbst. Doch hatte ich noch einen anderen Namen. Ich hieß Maria. Und ich hatte noch einen Namen. Doch den habe ich vergessen.«

Wie Sie sehen, handelt es sich hier nicht um ein Gedankenlesen bei Marta, denn Herr Lorenz kannte den vollen Namen von Maria, wußte aber nichts von den Schlägen, die Herr de Oliviero jenem Negerjungen erteilt hatte, eine Tatsache, die späterhin von dem Vater Marias bestätigt wurde. Hier handelt es sich also um einen wirklichen Fall der Rückerinnerung.

Herr Lorenz begann nun, alle Aussagen und Hinweise, ihr früheres Leben betreffend, aufzuzeichnen, so daß er mit der Zeit 120 solcher Erklärungen in seiner deutschen Kurzschrift notiert hatte. Leider wußte später jemand aus seiner Familie nichts mit diesen Aufzeichnungen anzufangen und warf sie weg. Wären diese Aufzeichnungen erhalten geblieben, dann würde es sich bei dieser Rückerinnerung eines Kindes an ein früheres Leben um einen der wohl bestdokumentierten Fälle handeln. Herr Lorenz hat jedoch später aus dem Gedächtnis nochmals Aufzeichnungen angefertigt. Vieles von dem, was Marta erzählte, war der Familie

Lorenz unbekannt, da sie die Verhältnisse und Begebenheiten von Sinhas Zuhause bei ihren dortigen Besuchen nicht so genau kennengelernt hatten.

Einmal fragte Frau Lorenz ihre jüngste Tochter, wie sie als Sinha sie empfangen hatte, wenn sie zu ihr zu Besuch kam. Und Marta antwortete, daß sie ihr zur Freude den Grammophonapparat angestellt habe. Diese zutreffende Einzelheit wußte nur Frau Lorenz, da sie zu niemand anderem aus der Familie darüber gesprochen hatte. Als einmal eine Frau aus ihrer früheren Familie zu Besuch kam, erkannte das Mädchen diese sofort und nannte sie beim Namen. Als man dieser Frau gegenüber erklärte, daß Marta ihre frühere Tante Maria gewesen sei, fragte sie nun ihrerseits die Kleine: »Wenn du wirklich Sinha warst, dann sage doch, wie wir verwandtschaftlich miteinander verbunden waren.« Und Marta sagte richtig, daß sie ihre Cousine, aber auch gleichzeitig ihr Patenkind war.

Marta drängte ihre Eltern, sie doch auf das Anwesen ihres Vaters zu bringen. Als sie zwölf Jahre alt war, war es dann endlich so weit. Erst bei dieser Gelegenheit erfuhr Herr de Oliviero, daß die jüngste Tochter des Ehepaares Lorenz seine wiedergeborene Tochter Maria war. Er wurde vollends von dieser Tatsache überzeugt, als Marta durch das Haus ging, die Veränderungen im Haus kommentierte und schließlich vor einer hängenden Wanduhr stehen blieb und sagte: »Dies war früher meine Uhr. Auf der Rückseite ist in goldenen Lettern mein Name eingraviert.« Man hängte nun diese Uhr von der Wand ab und fand tatsächlich zum allgemeinen Erstaunen auf der Rückseite in Goldbuchstaben den Namen 'Maria Januaria de Oliviero'.

Obwohl Marta schon zwölf Jahre alt war, als sie sich im Hause des Herrn de Oliviero an diese Besonderheiten wiedererinnerte, begannen doch ab ihrem siebten Lebensjahr die Erinnungen an ihr früheres Leben als Maria allmählich zu versiegen. Als Professor Stevenson die inzwischen verheiratete Marta 1962 in Porto Allegre aufsuchte, hatte sie anscheinend schon vieles aus ihrem früheren Leben vergessen, wußte ihm aber noch genau die Einzelheiten der letzten Monate in Marias Leben zu berichten, insbesondere konnte sie ihm über den Krankheitsverlauf verschiedene Begebenheiten genauestens schildern, was ihn als Arzt besonders interessiert haben mag.

Als Marta herangewachsen war, fielen jenen älteren Leuten, die noch Maria gekannt hatten, auf, wie sehr die beiden einander glichen. Auch waren beider Handschriften nahezu identisch. Maria war an Tuberkulose gestorben im Zusammenhang mit starken Halsproblemen. Diese schien Marta 'geerbt' zu haben, denn oft waren ihr ihre Kehlkopfschmerzen unerträglich, so daß sie schon als Mädchen hin und wieder mit rauher Stimme sprach oder diese gar ganz wegblieb.

Als Stevenson sie 1972 wieder aufsuchte, um für seine Recherchen weiteres Material zu sammeln, war er erstaunt, wie viele Einzelheiten ihr im nachhinein doch noch aus dem Unterbewußtsein hochzukommen schienen. So habe damals Marias Lehrer, in den sie sich verliebt hatte und den sie heiraten wollte, sich das Leben genommen, nachdem ihr Vater ihm aus Standesdünkel erklärt hatte, daß eine Heirat auf keinen Fall in Frage kommen könne.

Als junges Mädchen wußte Marta schon, daß sie diesen geliebten Lehrer namens Florzinho einmal als ihr Kind wieder zur Welt bringen würde. Tatsächlich gebar sie zwei Söhne, die jedoch schon bald nach ihrer Geburt verstarben. Sie ist überzeugt, daß sie zweimal hintereinander Florzinho zur Welt gebracht hat, denn beide Male hatten diese Babys an ihren Köpfen genau jene Geburtsmale, die ihr früherer Geliebter an gleicher Stelle gehabt hatte.

Mit den Geburtsmalen und vor allem den angeborenen Mißbildungen werden wir uns noch eingehender beschäftigen, denn diese gehören selbstverständlich zu den überzeugendsten Beweisen für die Tatsache der Reinkarnation. Doch wollen wir uns jetzt einem Fall zuwenden, in welchem ebenfalls jemand einer Frau ankündigt, bei ihr wiedergeboren zu werden und daß sie ihn gar an seinen Narben wiedererkennen werde. Dieser Fall wurde ebenfalls von Professor Stevenson untersucht. Der Ort der Ereignisse ist das südöstliche Alaska.

Ich komme als dein nächster Sohn zurück

Auf diesen Fall des Indianerjungen Corliss komme ich gern in meinen Vorträgen über die Reinkarnation zu sprechen, zeigt er doch viele interessante Aspekte. Dieser Junge gehörte zum Stamm der Tlingit-Indianer, von denen heute noch etwa siebentausend in ihren ursprünglichen Gebieten im Südosten Alaskas leben. Der Glaube an die Reinkarnation – oder sollte ich besser sagen: das Wissen von der Reinkarnation – ist dort weit verbreitet, wie bei vielen der Indianer- und Eskimostämmen.

Victor Vincent war ein Tlingit-Fischer. In den letzten Jahren vor seinem Tod besuchte er immer häufiger seine Nichte, Frau Corliss Chotkin sen., die Tochter seiner Schwester Gertrud. Er schien seine Nichte besonders gern zu haben, vor allem aber hatte er deren jüngste Tochter gern, von welcher er glaubte, daß sie die Wiedergeburt eben seiner Schwester Gertrud sei. Mit anderen Worten, jene Tochter war ihre eigene Großmutter, die Schwester von Victor Vincent.

Etwa ein Jahr vor seinem Tod sagte er zu seiner Nichte: »Ich komme als dein nächster Sohn zurück. Ich hoffe, daß ich dann nicht mehr so viel stottere wie jetzt. Dein Sohn wird diese Narben haben.« Und er zog sein Hemd hoch und zeigte auf eine Narbe auf seinem Rücken, die infolge einer vor Jahren erfolgten Operation übriggeblieben war. Auch waren um diese Narbe herum die Einstichsnarben der Operationsnadeln noch deutlich zu erkennen. Dann deutete Victor auf eine andere Operationsnarbe, die er an seiner Nase hatte, und sagte, daß dieses ebenfalls ein Erkennungsmal in seinem nächsten Leben als ihr Sohn sein würde. Er erklärte seiner Nichte auch, warum er gerade bei ihr wiedergeboren werden wolle. »Ich weiß, daß ich bei dir ein gutes Zuhause haben werde. Du wirst nicht losgehen und dich volltrinken.« Leider gab es eine ganze Reihe von Alkoholikern in seiner Verwandtschaft, und der Alkohol war bei vielen Urvölkern wie ein Fluch, hatte doch das moderne Leben sie in vieler Weise von ihrer Tradition getrennt oder sie mit dieser in Konflikt gebracht. Viele dieser verheerenden Beispiele habe ich auf meinen Weltreisen immer wieder erleben müssen.

Achtzehn Monate nach Victors Tod gebar Frau Chotkin sen. einen Jungen, dem der Name nach seinem Vater gegeben wurde, und der dementsprechend Corliss Chotkin jun. hieß. Für seine Eltern stand fest, daß in dem Sohn der Onkel Victor wiedergeboren worden war, waren doch an der Nase und auf dem Rücken genau die von ihm damals bezeichneten Narben zu erkennen.

Als er dreizehn Monate alt war, versuchte die Mutter ihrem Sohn beizubringen, seinen Namen Corliss auszusprechen. Auf einmal deutete er auf sich und sagte: »Ich Kahkody«. Das war der Stammesname von Vincent gewesen. Und da er immer, wenn man ihn mit Corliss anredete, diesen Namen verbesserte und mit Kahkody angeredet werden wollte, blieb man schließlich bei diesem. Als eine Tante die Mutter besuchte und diese ihr mitteilte, daß ihr Sohn die Wiedergeburt von Vincent sei, bestätigte sie dies: »Ich habe es gewußt. Denn nach seinem Tode ist Victor in meinem Traum erschienen und hat gesagt, daß er jetzt in deinen Körper gehe, um als dein Sohn wiedergeboren zu werden.« Die Mutter hatte vergebens selbst auf solch einen Traum gewartet, kam es doch bei ihnen oft vor, daß die zu reinkarnierende Seele sich vorher im Traum ankündigte.

Als Corliss zwei Jahre alt war, reiste die Mutter mit ihm in die benachbarte Hafenstadt. Unerwartet begegneten sie einer jungen Frau. Und bevor irgendein Wort gesagt worden war, nannte der Kleine erfreut den Namen dieser Person, ja er hüpfte geradezu vor Freude herum, nannte auch noch den Tlingitnamen dieser Frau. Denn diese war in seinem früheren Leben seine Stieftochter gewesen. Wenig später erspähte der Junge einen Mann unter den Straßenpassanten, zeigte auf ihn und sagte zu seiner Mutter: »Dort ist William, mein Sohn.«

Ein Jahr später nahm Frau Chotkin ihren Sohn zu einem großen Tlingit-Treffen mit. Unter den vielen Anwesenden erblickte er eine ältere Frau und rief: »Das ist die alte Dame, das ist Rose.« Bei dieser Person handelte es sich um seine frühere Frau, die er damals als Victor immer gern als 'alte Dame' bezeichnet hatte. Auch noch in seinen nächsten Jahren erkannte Corliss Verwandte oder Freunde von Victor wieder und nannte sie oft nicht nur nach deren Vornamen, sondern auch nach ihrem Stammesnamen.

Corliss erzählte einmal von einem Ereignis, das er als Victor erlebt hatte. Er war mit seinem Fischerboot eines Tages weit in eine der offenen breiten, langgestreckten Buchten hinausgefahren, als sein Motor streikte. Steuerlos trieb er in den Wellen herum. Als er ein Schiff sah, zog er einen Anzug der Heilsarmee an, den er bei sich hatte, da er dachte, daß man wohl einem winkenden Indianer auf seinem Boot keinerlei Beachtung geschenkt hätte. Tatsächlich näherte sich das Schiff und nahm sein Boot in Schlepptau. Onkel Victor hatte einmal vor langer Zeit diese Geschichte im Beisein von Frau Chotkin erwähnt, aber sie war sicher, daß niemand sie vorher Corliss erzählt haben könnte. Ein andermal sagte er zu seiner Mutter: »Wenn die 'alte Dame' und ich dich früher besucht haben, dann haben wir immer in diesem Raum geschlafen.« Dabei deutete er auf einen Raum, der jetzt ganz anderen Zwecken diente. Auch diese Aussage war zutreffend.

Viele solcher Wiedererinnerungen tauchten plötzlich in ihm auf. Doch mit etwa neun Jahren ließen seine Erinnerungen an sein früheres Leben nach. Und als Stevenson ihn interviewte, war Corliss bereits fünfzehn und meinte, er könne sich an nichts mehr aus seinem früheren Leben erinnern. Allzuoft ist es Stevenson, dem emsigen Forscher, leider mißglückt, Kinder anzutreffen, die sich noch direkt an ihre früheren Leben zurückerinnern konnten. So hat er sich in vielen Fällen auf die Aussagen verlassen müssen, die die betreffenden oder andere Personen ihm im nachhinein machten. Denn Kinder, die sich an frühere Leben zurückerinnern können, beginnen meist schon mit zwei Jahren darüber zu sprechen. Doch ab dem sechsten Lebensjahr werden die Äußerungen oft spärlicher und können mit neun Jahren schon ganz nachlassen.

Aber noch sind wir mit dem Bericht über diesen Indianerjungen nicht fertig. Frau Chotkin kämmte ihrem Sohn immer das Haar nach hinten. Corliss strich oder kämmte es immer wieder nach vorn, und zwar in der gleichen Weise, wie es sein verstorbener Großonkel getan hatte. Auch stotterte er wie dieser, worauf er ja noch zu Lebzeiten seine Nichte hingewiesen hatte. Mit zehn Jahren unterzog er sich einer Sprachtherapie. Diese schien auch Erfolg gehabt zu haben, denn als Stevenson mit ihm sprach, stotterte er nicht mehr. Victor war ein sehr religiöser Mensch gewesen und hatte sich deshalb auch der Heilsarmee angeschlossen. Gleiche Gesinnungsausrichtungen machten sich bei Corliss bemerkbar, als er eifrig in der Bibel las und schließlich aus freien Stücken eine Bibelschule aufsuchte. Victor war ein begeisterter Fischer. Er hätte am liebsten, wie er einmal sagte, sein ganzes Leben auf dem Wasser verbringen können. Auch war er sehr geschickt, alles zu reparieren, besonders die Motoren der Boote. Das gleiche Geschick hatte auch Corliss. Ohne daß man ihm dies beibringen mußte, begann er die verschiedensten Dinge zu reparieren, vor allem Bootsmotoren. Von seinem Vater konnte er all dies nicht vererbt bekommen haben, denn dieser bewies in dieser Hinsicht überhaupt kein Geschick. Auch war Corliss wie Victor Linkshänder.

Wenn wir uns jetzt diese letzten Aussagen näher betrachten, könnten wir wohl zu der Annahme kommen, daß wir unsere Talente wie auch viele Eigenheiten und Körpereigenschaften eher aus unseren eigenen früheren Leben mitgebracht haben, als daß wir sie von unseren Eltern ererbt hätten. Überlegen Sie einmal, welche Eigenschaften Sie ganz eindeutig von Ihren Eltern genetisch vererbt bekommen haben und welche ganz anderen Eigenschaften Ihnen mit der Geburt zuteil geworden sind. Eventuell sind das nämlich solche, die Sie in einem früheren Leben schon besaßen und die Sie jetzt in dieses Leben wieder mit hineingebracht haben.

Übrigens bleibt noch zu erwähnen, daß Stevenson sich genau die bei der Geburt mitgebrachten Muttermale anschaute. Das Mal an der Nasenwurzel, als ererbte Folge einer kleinen Operation, der sich Victor in einem Krankenhaus 1938 unterzogen hatte, bei welcher der rechte Tränensack entfernt wurde, war noch gut zu erkennen. Doch jenes größere Mal auf dem Rücken, untypisch für allgemeine Geburtsnarben, war etwa 2,5 cm lang. Es war pigmentiert und sogar leicht erhöht und dehnte sich etwa 0,5 cm in der Breite aus. »Entlang seinen Rändern«, wie Stevenson beschreibt,[8] »konnte man noch leicht einige kleine runde Male außerhalb der Hauptnarbe erkennen. Vier davon waren auf der einen Seite aufgereiht wie Nadelwunden bei chirurgischen Operationen.« Corliss habe sich auch noch an diesem Mal kratzen müssen, weshalb es sich wohl noch öfter entzündet habe. Stevenson ließ sich auch aus jenem Krankenhaus, in welchem 1940 diese Operation am Rücken von Victor Vincent vollzogen worden war, einen zusammenfassenden Bericht zuschicken. Die Narbe, die Corliss auf seinem Rücken hatte, entsprach genau jener Operationsnarbe, die Victor damals nach jenem chirurgischen Eingriff zurückbehalten hatte. Dieser Fall allein stellt schon einen deutlichen Beweis für die Reinkarnation dar.

Doch wird uns der große Forscher Stevenson noch mit anderen Beweisen aufwarten, über die ich in diesem Buch ausführlich sprechen werde. Wollen wir uns nun einem Fall zuwenden, den eine seiner Schülerinnen und Mitforscherinnen in Indien mit seinen Methoden untersucht hat.

Ich bin als Mädchen im Brunnen ertrunken

Manju Sharma wurde 1969 als Tochter einer ärmeren Brahmanenfamilie in einem Dorf namens Pasauli im Staat Uttar Pradesh geboren. Als sie etwa zwei Jahre alt war, begann sie zu erzählen, daß sie eigentlich aus Chaumula (einem etwa fünf bis sechs Kilometer entfernten Nachbardorf) stamme. Sie nannte die Namen des Vaters und des Bruders aus ihrem früheren Leben und fügte hinzu, daß ersterer einen Laden hatte. Sie berichtete Einzelheiten über den Tag, an welchem sie starb. Nachdem sie als Neunjährige aus der Schule gekommen sei, hatte sie sich zu einem Brunnen begeben, um daraus Wasser hochzuziehen, da sie die mitgebrachte Götterstatue waschen wollte. Aber sie verlor ihre Balance und fiel in den Brunnen, in welchem sie ertrank. Obwohl sie genaue Angaben über ihr früheres Zuhause gegeben hatte, gingen ihre Eltern der Sache nicht nach, da sie dachten, ihre Tochter könne sich alles nur ausgedacht haben. Vielleicht war unterschwellig der Verdacht bei den Eltern vorhanden, daß sie mit ihren Behauptungen doch recht haben könne und daß die Tochter Sehnsucht nach ihrer früheren Familie habe und also dorthin zurückkehren möchte.

Wenige Monate später kam ein Mann auf seinem Fahrrad in ihr Dorf, um dort Geschäfte abzuwickeln. Als er gerade im Begriff war, sich wieder auf sein Fahrrad zu schwingen, kam die kleine Manju auf ihn zugelaufen, hielt sein Fahrrad fest und sagte: »Du bist mein Onkel!« Jener entgegnete: »Ich kenne dich aber nicht. Wessen Tochter bist du denn?« Worauf Manju erwiderte: »Du kennst mich nicht. Aber ich kenne dich. Du bist der Bruder meines Vaters. Mein Vater heißt Ladali Saran.« Der Mann war verblüfft, denn dieser Namen war richtig. Er fragte sie nun, da er annahm, sie sei eines der Kinder seines Bruders, an das er sich jedoch augenblicklich nicht erinnern konnte, wie sie in dieses Dorf komme. Daraufhin erklärte ihm die Zweijährige, daß sie in den Brunnen gefallen sei, als sie die Statue waschen wollte. Jetzt erst mag es bei Babu Ram, so hieß dieser Mann, zu dämmern begonnen haben, daß sie von einem früheren Leben sprechen müsse, denn tatsächlich war vor Jahren eine Tochter seines Bruders im Brunnen ertrunken.

Als Manju ihn aufforderte, sie mit nach Hause zu nehmen, versprach er ihr, sie ein andermal dorthinbringen zu wollen. Wieder nach Chaumula zurückgekehrt, berichtete er der Familie seines Bruders über das in Pasauli Erlebte.

Als erstes machte sich die Mutter der ertrunkenen Tochter Krishna auf, um sich zu überzeugen, ob es sich bei diesem Mädchen wirklich um ihr so unglücklich verlorenes Kind handeln könne. Als sie zu ihrer Familie zurückkehrte, versicherte sie, daß es wirklich ihr Kind sei. Als nächstes machte sich der Bruder von Krishna auf, um sich von der Wahrhaftigkeit der Aussagen dieses Mädchens zu überzeugen. Auch er kehrte als Überzeugter zurück. Nun wollte auch der Vater herausfinden, ob es sich bei diesem Mädchen wirklich um seine verstorbene Tochter handle. Manju jedoch erkannte auch ihn, wie sie alle, die mitgekommen waren, erkannt und bei ihrem richtigen Namen genannt hatte. Sie begann beim Anblick ihres Vaters gleich zu weinen. Dieser stellte ihr viele Fragen über das Leben seiner verstorbenen Tochter, die sie alle richtig beantworten konnte.

Krishnas Eltern baten nun die Eltern von Manju, deren Tochter auf einen Besuch mit nach Chaumula nehmen zu dürfen. Jene erlaubten es, jedoch nur unter der Bedingung, daß ihr Bruder sie begleiten könne. In ihrem früheren Elternhaus angekommen, erkannte Manju viele Gegenstände wieder, besonders jene, die ihr gehört hatten.

Als 1977 die Parapsychologin Frau Dr. Pasricha die inzwischen Achtjährige aufsuchte, erzählte sie ihr, daß sie immer noch hin und wieder ihre früheren Eltern in deren Dorf aufsuche. Die Forscherin konnte sich auch dessen versichern, daß niemand aus beiden Familien vorher von der Existenz der andern gewußt habe und folglich auch nicht der kleinen Manju bewußt oder unterbewußt etwas an Informationen zufließen lassen konnte. Von den dreiundzwanzig gesammelten Angaben konnte die Forscherin neunzehn verifizieren, während sich die übrigen nicht mehr ermitteln ließen. 1988 heiratete Manju, blieb aber weiterhin in Kontakt mit ihrer Familie aus dem früheren Leben. Zu jener Zeit hatte sie die unmittelbaren Eindrücke an Einzelheiten aus ihrem früheren Leben vergessen, bis auf jene, die mit ihrem damaligen tragischen Tod zusammenhingen.

Auf einen Umstand möchte ich noch hinweisen, da er sehr interessant ist. Manju hatte sich immer geweigert, zum Brunnen zu gehen. Wie wir aus der Reinkarnationstherapie kennen, bewirken die Dinge, Situationen oder Personen, die mit einer Todesverursachung in einem früheren Leben zusammenhängen, im heutigen Leben eine bisher unerklärliche Aversion. Das Unterbewußtsein möchte den Betreffenden davor schützen, nochmals in eine gleiche Situation zu geraten, um nicht nochmals einer gleichen Gefahr ausgesetzt zu werden. Überlegen Sie doch einmal, wogegen Sie selbst Aversionen haben. Je stärker diese sind, desto heftiger muß die Ursache gewesen sein, die sich in Ihrem Unterbewußtsein eingeprägt hat.[9]

Nachdem Dr. Pasricha mit aller Akribie viele Reinkarnationsfälle bei Kindern recherchiert hatte, wollte sie feststellen, wie viele der Inder sich an frühere Leben erinnern konnten bzw. sich als Kind an solche erinnert hatten. Sie bildete einen ganzen Mitarbeiterstab für diese Untersuchung aus. In den Jahren 1978–1979 begann dieses Helferteam in neun Dörfern in der Provinz von Agra 8611 Personen zu befragen, ob sie sich in ihrer Kindheit an frühere Leben erinnern konnten und ob sie sich damals darüber anderen gegenüber geäußert hatten.

Neunzehn Personen behaupteten, sich als Kind an ein früheres Leben erinnert haben zu können. Nun wurden auch Verwandte und Bekannte dieser Personen befragt, ob sie sich daran erinnern konnten, daß jene Personen als Kind derartige Aussagen über ein früheres Leben gemacht hatten. Auch in diesen neunzehn Fällen konnten deren Behauptungen bestätigt werden. Rechnet man diese Untersuchungen hoch, so könnte es sein, daß sich jeder vierhundertfünfzigste Inder in seiner Kindheit an ein früheres Leben zurückerinnern konnte und auch als Kind darüber gesprochen hatte. »Jedoch«, so fügt die Wissenschaftlerin hinzu, »sollte man solche Zahlen mit Vorsicht betrachten und sie nicht generalisieren, da diese Untersuchung sich nur auf ein kleines Gebiet erstreckt.«[10] Wir, die wir uns für die Verbreitung von ewigen Wahrheiten engagieren, müssen dankbar sein, daß es in unserer Zeit solch engagierte Wissenschaftler gibt, wie Stevenson, Pasricha, Banerjee, Haraldsson und viele andere, die mit wissenschaftlichen Methoden der Reinkarnation auf den Grund gehen, um herauszufinden, ob es denn wirklich so etwas gibt wie wiederholte Erdenleben.

Doch wenden wir uns jetzt einem anderen Forscher zu, der ursprünglich mit Dr. Stevenson zusammengearbeitet hatte, dann aber seine eigenen Forschungsprojekte auf dem Gebiet der wissenschaftlichen Erforschung der Reinkarnation betrieb, schließlich einen Lehrstuhl an der Universität von Kalifornien annahm und dort auch das »Journal of Parapsychology« herausgibt.

Der Junge, der im Schlaf nach seiner früheren Tochter schrie

Der Inder Professor Dr. H.N. Banerjee – neben Professor Stevenson und Professor Haraldsson wohl der bekannteste Forscher auf dem Gebiet der Reinkarnation – ist in den Vereinigten Staaten durch den Fall Joe Wilke bekannt geworden. Ein dreijähriges Mädchen aus Iowa – in einer sehr streng katholischen Familie aufwachsend, die jegliche Gespräche über Reinkarnation ablehnt –, behauptete plötzlich, 'früher' Joe Wilke geheißen zu haben. Seine Frau heiße Sheila. Beide seien am 20. Juli 1975 in Brookfield, Illinois, mit dem Motorrad tödlich verunglückt. Professor Banerjee hörte von den Aussagen dieses Mädchens, ließ sich von ihm nochmals alle Details schildern und schrieb dann an einen ihm bekannten in Chicago wohnenden Arzt namens Dr. Adrian Finkelstein und bat ihn, vor Ort zu recherchieren, was an den Behauptungen dieses Mädchens wahr sein könne. Dieser schrieb ihm zurück, daß nach Auskunft der Polizei ein Joseph Wilke aus Brookfield zusammen mit seiner Frau am 20. Juli 1975 um 5.33 Uhr auf seinem Honda-Motorrad bei einem Unfall ums Leben gekommen sei. Hier könnte der Skeptiker noch einwenden, jemand habe Dr. Banerjee einen Streich spielen wollen, indem er einem dreijährigen Kind von einem ihm selbst bekannten Unfall erzählte und diesem suggerierte, diese Geschichte dem Forscher gegenüber als seine eigene aus einem früheren Leben auszugeben. Aber ein erfahrener Forscher wie Professor Banerjee würde sich nicht von einem kleinen Mädchen täuschen lassen können. Jedoch möchte ich jetzt von einem anderen Fall berichten, dem dieser Professor nachgegangen ist und der mir noch beweiskräftiger erscheint.

In Adana, an der Südostküste der Türkei gelegen, lebte die Familie des Mehemet Altinklish. Eines Tages sagte sein etwa zweijähriger Sohn zu ihm: »Ich will hier nicht mehr wohnen. Ich möchte zu meinem Haus und meinen Kindern zurück.« Und der Vater entgegnete: »Was hast du gerade gesagt, Ismail?« »Nenne mich nicht Ismail, ich heiße Abeit«, erwiderte das Kind. Der Vater wollte nun wissen, wie er darauf komme, so etwas zu behaupten. Und der Sohn erklärte ihm, daß er eigentlich Abeit Suzulmus heiße und eine Großgärtnerei betrieben habe. Aber dann seien drei Männer gekommen und hätten ihn getötet. Der Vater mochte sich daran erinnern, daß einige Monate vor der Geburt seines Sohnes der Großgärtner Abeit Suzulmus, etwas über einen Kilometer vom Haus des Herrn Altinklish entfernt wohnend, von drei Männern in seinem Haus mit Eisenstangen erschlagen worden war. Die Zeitungen hatten darüber geschrieben. Alles geschah am 31. Januar 1956. Herr Suzulmus hatte drei Männer, die sich um eine Anstellung in einer seiner Gärtnereien beworben hatten, eingestellt. Sie lockten ihn damals in den Stall und erschlugen ihn. Danach drangen sie in das Haus ein und töteten dort seine zweite Frau und ihre beiden Kinder. Die drei Mörder wurden gefaßt, zwei von ihnen nach einem aufsehenerregenden Prozeß gehängt, während der dritte im Gefängnis verstarb.

Ismail beharrte weiterhin darauf, Abeit zu sein, und bat wiederholt seinen Vater, ihn zu seinem früheren Haus zu bringen. Öfter rief er im Traum »Gulsarin! Gulsarin!« und weinte. Die Eltern wußten, daß jene im Traum genannte Person, wie ihnen ihr Sohn erklärt hatte, seine frühere Tochter war. Aber erst als Ismail drei Jahre alt war, gestattete sein Vater, daß man ihn zu jenem Haus des ermordeten Gärtners führte.

Elf Leute begleiteten ihn. Ismail bestand darauf, daß man ihm das Haus, das aufgesucht werden sollte, nicht zeigen solle, denn er behauptete, den Weg dorthin zu kennen. Obwohl seine Begleiter oftmals eine andere Richtung weisen wollten, ging er unbeirrt seinen Weg. Niemals war der Junge vorher diesen Weg gegangen.

Als man in das Haus hineingegangen war, hatten sich etwa dreißig Personen dort eingefunden, denn man wollte ihn testen, ob er auch wirklich seine früheren Familienmitglieder erkennen würde. Er ging sofort auf eine Frau zu, nannte sie beim Namen und sagte, daß diese seine erste Frau sei. Dann erblickte er seine frühere Tochter, nach welcher er so sehnsuchtsvoll im Traum geschrien hatte, und nannte sie, wie auch seine zweite Tochter und seinen Sohn, die beide ebenfalls zugegen waren, beim Namen. Schließlich sagte er: »Und nun will ich euch zeigen, wo ich ermordet worden bin.« Er führte sie zu jenem Stall des furchtbaren Verbrechens. Dort bezeichnete er auch jene Dinge, die sich in der Zwischenzeit verändert hatten. All diese Begebenheiten ereigneten sich in einem moslemischen Land, in welchem die islamische Religion in keiner Weise den Glauben an die Reinkarnation lehrt. Allerdings gibt es dort kleinere Sekten, wie die Aleviten und auch die Sufis, die von der Reinkarnation überzeugt sind.

Eine Zeitung schrieb dennoch über dieses Ereignis und wußte auch noch über folgende Begebenheit zu berichten. Der kleine Ismail habe einen Eisverkäufer wiedererkannt und ihn beim Namen genannt. Dann fragte der Junge: »Kennst du mich noch?« Nachdem der Angesprochene verneint hatte, sagte Ismail: »Ich bin Abeit. Früher hast du nicht Eiskrem, sondern Wassermelonen und Gemüse verkauft.« Der Verkäufer bejahte dies. Und der Junge erzählte ihm weiterhin, daß dieser ihm einstmals die Vorhaut beschnitten hatte.« Nun war auch dieser Eisverkäufer vollkommen davon überzeugt, daß dieser kleine Mann der frühere Gärtnereibesitzer war.

Einmal begegnete ihm ein Mann, und er sagte zu diesem, daß er ihm früher als Abeit Geld geliehen habe und daß er dieses immer noch der Familie Suzulmus schulde. Dieser Mann gab zu, daß dem wirklich so sei. Ein andermal sah er einen Mann, der eine Kuh an der Leine führte. Ismail sprach diesen Mann an und fragte ihn, ob das nicht die »Gelbe« sei, die dem Herrn Suzulmus gehört habe, was jener bestätigte.

Professor Banerjee ist davon überzeugt, daß es sich bei dieser ganzen Geschichte nicht um abgesteckten Betrug handeln könne. Denn beiden Familien lag überhaupt nichts daran, durch solch einen Fall an die Öffentlichkeit zu geraten, der ihnen auch noch Konflikte mit den religiösen Führern bescheren könnte. Als Professor Banerjee diesen Fall recherchierte und die Familien interviewte, fand er, daß man möglichst alle Dinge geheimhalten wollte. Außerdem mieden beide Familien einander. Warf doch sicherlich die Familie des Ermordeten der Familie des Ismail vor, sie ins Gerede gebracht zu haben. Wie wir sehen, geschehen solcherlei Vorkommnisse, daß sich Kinder an frühere Leben erinnern, nicht nur in solchen Ländern, in denen der Glaube an die Reinkarnation zu Hause ist, sondern auch in solchen, in denen ein solcher Glaube verpönt ist.[11]

Doch wenden wir unsere Blicke nach Sri Lanka, einem Land, in welchem der Glaube an die Reinkarnation ein wichtiger Bestandteil der Staatsreligion ist. Ich möchte Ihnen nun den dritten berühmten Professor vorstellen, der sich für seine Forschungen auf dem Gebiet der Parapsychologie und der Reinkarnation einen großen Namen gemacht hat. Es ist Professor Elendur Haraldsson, der 1992 übrigens auf dem Kongreß *Gibt es ein Leben nach dem Tod?* in Düsseldorf von der Kongreßleitung als Gutachter gebeten worden war, meiner Gruppenrückführung vor etwa vierhundert Leuten beizuwohnen.

Das Mädchen, das die Zeichnung aus einem früheren Leben noch vollendete

Schon als Dilukshi zwei Jahre alt war, ärgerten sich ihre Eltern darüber, daß sie sie immer Tante und Onkel und nicht Mutter und Vater nannte, vielmehr immer wieder betonte, daß man sie nach Hause zu ihren wirklichen Eltern in Dambulla bringen möge. Die Eltern schimpften sie aus, weil sie solch einen Unsinn erzählte, jedoch die Kleine war schlagfertig und erwiderte: »Meine richtigen Eltern haben mich nie ausgeschimpft, vielmehr haben sie mich 'Liebling' und 'liebes süßes Töchterlein' genannt.« Sie erklärte ihren Eltern auch noch, daß sie in dem Fluß bei ihrem Dorf ertrunken sei. Schließlich wandten sie sich um Rat an die Mönche des benachbarten Klosters. Diese fanden diesen Fall derart interessant, daß sie den Journalisten, Herrn Abeypala, davon unterrichteten. Dieser schrieb für die Zeitschrift *Weekend* einen Bericht über die Aussagen dieses Mädchens.

Ein Reisbauer aus Dambulla las diesen Bericht. Er erinnerte ihn an seine Tochter Shiromi, die im September 1983, ein Jahr also vor Dilukshis Geburt, im benachbarten Fluß ertrunken war. Er und seine Frau schrieben nun an die Zeitung, berichteten über die traurigen Ereignisse beim Tod ihrer Tochter und erklärten sich bereit, diesem Mädchen gegenübergestellt zu werden. Ich kann mir gut vorstellen, wie sich jener Journalist gefreut haben mag, diesen Fall als Reporter seiner Zeitung zu recherchieren, war man doch als Journalist bei derlei Reportagen daran gewöhnt, eher über Dinge zu berichten, die schon passiert waren als über jene, die sich erst offenbaren sollten.

Der Journalist verabredete sich mit den Eltern von Dilukshi, und mit ihnen und ihrer Tochter fuhr er in die Nähe des rund hundert Kilometer entfernt liegenden Ortes, mußten sie doch die letzten Kilometer zu Fuß an Reisfeldern entlang zurücklegen. Und nun überlassen wir das Wort dem Journalisten: »Dies war eine eigenartige Geschichte – wiedergeboren zu werden und seine Eltern aus dem vorausgegangenen Leben wieder aufzusuchen. So etwas geschieht selbst in Sri Lanka nur selten. Doch war ich zugegen, als das Mädchen seine Eltern wiedererkannte. Nicht nur sie, auch den Bruder, die Schwester, ihre Tante, ihre Großmutter. Ich habe alles mit eigenen Augen mitbekommen. Für mich war das beweiskräftig genug.« Man holte nun das Spielzeug und die Kleider der Verstorbenen herbei, und sie erkannte alles wieder, ihre Kleidungsstücke, die Trinkflasche für die Schule, die Schiefertafel, die Schreibstifte, ihre Sonnenbrille und anderes mehr. Als man ihr ein Heft gab, in welchem sich ihre Zeichnungen von früher befanden, entdeckte sie eine davon und sagte, daß sie diese nicht mehr hatte beenden können. Sie setzte sich alsgleich hin und malte sie zu Ende.

Dr. Haraldsson, der erst später von dieser Begebenheit hörte und sich nun dieser wissenschaftlich annehmen wollte, meinte, daß dieser Fall als Beweis in vielem mangelhaft sei. Denn man hätte der Kleinen mehrere Gegenstände eines bestimmten Objektes zur Auswahl vorlegen und sie dann erst auffordern sollen, unter den vorgezeigten Dingen ihre eigenen aus dem früheren Leben zu bezeichnen. Somit hatte man eine gute Chance verpaßt. Und trotzdem gab es noch genug Material, das für die Echtheit dieses Falles sprach. Denn als man die Kleine zum Fluß führte, zeigte sie exakt die Stelle, wo sie ertrunken sei. Sie nahm einen Stein in die Hand, und voller Entrüstung warf sie diesen dorthin. Ähnlich reagieren Kinder gern, wenn sie ihre Wut gegen etwas demonstrieren.

Als Professor Haraldsson den englischen Publizisten Jeffrey Iverson einige Jahre später an diese Stelle des Flusses führte, sagte er, daß es interessant sei, daß Dilukshi, bevor sie hierhergeführt worden war, gesagt habe, daß sich die Stelle, an der sie ertrunken war, direkt bei einer Hängebrücke befand. Als man sie aber zu diesem Ort führte, war diese bereits weggeräumt worden. Jedoch stimmten ihre Aussagen. Dilukshi habe auch, bevor man sie hierher führte, gesagt, daß man von einem kleinen Felsen aus das Dach ihres Elternhauses sehen könne. Und Herr Iverson stellte sich auf jenen Felsen und konnte tatsächlich das Dach jenes Hauses sehen. Anläßlich eines Films, den Herr Iverson über das Thema Reinkarnation herstellte, hatte man Dilukshi und ihre Eltern um ihre Mitwirkung gebeten. Das Mädchen fühlte sich bei ihrer früheren Familie vollkommen zu Hause und hatte kleine Geschenke für ihre früheren Eltern mitgebracht. Und Jeffrey Iverson meinte, daß er Zeuge einer Familienzusammenkunft gewesen sei, die sowohl mit Freude als auch mit Leid verbunden war. Sicherlich empfand die Familie des Reisbauern Freude darüber, daß sie die Verstorbene wieder lebend wußte, jedoch Schmerz darüber, daß sie ja nicht mehr bei ihnen weilte, daß sie jetzt einer anderen Familie zugehörte.

Professor Haraldsson erklärte dem englischen Journalisten gegenüber, daß es siebzehn bewiesene Tatsachen in diesem Falle gebe, daß sich aber dreizehn noch nicht beweisen ließen. Zum Beispiel hatte Dilukshi von einem Gemüseladen gesprochen, der nun nicht mehr vorhanden war. Sie hatte auch erwähnt, daß der Inhaber ein ganz dünner junger Mann gewesen sei, jedoch hat man bisher noch keinen solchen auffinden können, der zu dieser Beschreibung passen würde. Haraldsson zeigte dem Filmteam den Platz, an dem der Gemüseladen gewesen war. In diesem Augenblick kam ein junger dünner Mann aus seiner Hütte und der Professor fragte ihn, ob er hier früher Gemüse verkauft habe. Dies bestätigte der junge Mann. Auf Shiromi angesprochen, sagte er, daß er sich an sie noch gut erinnern könne, sei sie doch häufig in seinen Laden gekommen. Auf den 'dünnen jungen Mann' hingewiesen, erklärte er, daß man ihn früher immer als den 'dünnen Bruder' bezeichnete hätte.[12]

Ich schätze, daß Sie bei der Fülle der Beweise wahrscheinlich bereits nachdenklich geworden sind und sich gut vorstellen können, daß wir viele Erdenleben haben. Sicherlich gibt es in den meisten Fällen, die zur Beweisführung dienen, noch irgendwelche Lücken, die aus verschiedenen Gründen nicht geschlossen werden können. Ich bin jedoch fest davon überzeugt, daß Sie, wenn Sie bis zu den letzten Beweisführungen, die in diesem Buch zusammengestellt sind, durchhalten, die Reinkarnation als Tatsache wohl nicht mehr zurückweisen können.

Ein Junge entlarvt den Namen seines früheren Mörders

Im Dezember 1983 wurde in einem Dorf in der Nähe von Agra ein Junge mit dem Namen Titu Singh geboren. Mit vier Jahren begann er zu behaupten, daß er Suresh Verma heiße, daß seine Frau Uma mit seinen zwei Kindern in Agra wohnten und daß sie dort ein Radiogeschäft hätten. Er bat seine jetzigen Eltern, die er als solche ablehnte, ihn nach Hause zurückzubringen. Er erzählte auch, daß er von zwei Männern ermordet worden sei. Er konnte sich genau erinnern, was passiert war. Er sei eines Tages mit seinem Auto nach Hause gekommen und habe gehupt, damit seine Frau das Tor öffne. Dann kamen plötzlich zwei Männer auf ihn zugerannt und schossen auf ihn. Eine Kugel habe ihn am Kopf getroffen. Er nannte auch die Namen der beiden Männer. Derjenige, der ihn mit der Pistole erschossen hatte, sei der Geschäftsmann Sedick Johaadien gewesen. Die ganze Familie war ungehalten über dieses penetrante Verhalten ihres Sohnes, der immer wieder behauptete, Suresh zu heißen, und nach Agra gebracht werden wollte.

Titus älterer Bruder erkundigte sich bei einem Aufenthalt in Agra danach, ob es wirklich ein Radiogeschäft mit dem von seinem jüngeren Bruder bezeichneten Namen gab, und tatsächlich entdeckte er ein Radiogeschäft mit dem Namen Suresh Radioshop. Er ging in diesen Laden und erkundigte sich nach einem Suresh Verma. Man teilte ihm mit, daß der Ladenbesitzer vor einigen Jahren verstorben sei. Er wollte aber genauer wissen, wie jener Ladeninhaber gestorben sei. Man verwies ihn an dessen Witwe.

Von Uma Verma erfuhr er nun, daß ihr Mann, als er mit dem Auto eines Tages zurückkehrte, vor dem Haus erschossen worden war, jedoch von wem, wußte sie nicht zu sagen, da dieser Mord bisher unaufgeklärt geblieben war. Titus Bruder offenbarte nun dieser Frau, daß sein kleiner Bruder behauptete, ihr verstorbener Mann zu sein. Und er berichtete ihr, was Titu ihnen alles zu Hause erzählt hatte.

Die Witwe von Suresh wollte diesen Jungen nun selbst aufsuchen. Sie erzählte die Begebenheiten in ihrer Familie. Nun entschlossen sich auch die Eltern von Suresh und seine drei Brüder mitzukommen. Als Titu seine

Eltern und seine Frau sah, lief er erfreut auf sie zu und umarmte sie. Anschließend schlug er erfreut mit der flachen Hand auf einen Hocker, wie es Suresh als Kind immer zu tun pflegte, um seiner Freude Ausdruck zu geben. Man entschloß sich nun, Titu mit der Erlaubnis seiner jetzigen Eltern mit nach Agra zu nehmen, um vor Ort seine Erinnerungen an sein früheres Leben zu überprüfen.

Dort angekommen, wollten die Brüder, daß er ihnen den Weg zu jenem Radiogeschäft zeigen solle. Sie versuchten, ihn absichtlich vom Weg abzubringen. Doch der Vierjährige ließ sich nicht beirren. Selbst als sie kurz vor dem Radiogeschäft dem Fahrer sagten, schneller zu fahren, da dieses angeblich erst weiter weg liegen würde, schrie der Junge plötzlich: »Stop, hier ist mein Laden!« Die Familie des Suresh war nach dem, was dieser Junge alles wieder erkannt hatte, vollkommen davon überzeugt, daß es sich um eben jenen ermordeten Suresh handeln müsse.

Als Professor Chatdah von der Universität in Delhi von diesem Vorfall hörte, interessierte er sich gleich für diesen Fall. Er begab sich zu Uma, der Witwe von Suresh, und fragte sie, was sie denn am meisten davon überzeugt habe, daß es sich bei diesem Jungen um die Wiedergeburt ihres verstorbenen Mannes handle. Sie beschrieb ihm nun eine Begebenheit, an die sich Titu ganz genau erinnern konnte, eine Begebenheit, von der nur ihr Mann und sie etwas gewußt hatten. Denn Titu erinnerte sie anläßlich eines Picknicks daran, daß er ihr damals eine große Tüte mit Bonbons geschenkt hatte.

Professor Chatdah hatte wohl seinem Kollegen Professor Stevenson über diesen Fall berichtet. Dieser sandte nun von der Universität in Virginia eine seiner Mitarbeiterinnen, Antonia Mills, nach Agra, um mit Professor Chatdah weiterhin vor Ort zu recherchieren. Sie wollten vornehmlich feststellen, ob nicht irgendein Betrug vorliegen könne, ob also Titu im vorhinein etwas über jenen Mordfall gehört haben könnte. Aber all ihre Recherchen bestätigten, daß es sich hierbei um einen authentischen Fall von Reinkarnation handeln müsse. Natürlich untersuchten sie auch den Kopf von Titu, um festzustellen, ob von dem damaligen Einschuß noch irgendwelche Narben mit in dieses Leben hineingebracht worden waren. Und tatsächlich! Sie entdeckten auf der rechten Seite, an welcher bei Suresh die tödliche Kugel eingedrungen war, eine Delle, die genau einer Einschußwunde entsprach. Jedoch auf der anderen Seite des Kopfes, wo jene Kugel wieder herausgedrungen war, entdecken sie ein sternförmiges Mal, da diese Wunde am Kopf des ermordeten Suresh logischerweise größer gewesen war, reißt doch eine aus dem Körper wieder austretende Kugel meistens ein größeres Loch.

Bleibt Ihnen, liebe Leserin und lieber Leser, nicht 'die Spucke weg', da Sie nun von diesem Fall gelesen haben? Natürlich ist dieses alles für einen 'ausgemachten' Kritiker kein Beweis. Er zweifelt einfach alles an, was die Reinkarnation beweisen möchte. Ach, übrigens vergaß ich zu erwähnen: Titu hatte ja den Namen seines Mörders genannt. Als die Polizei von Agra diesen daraufhin zur Rede stellte, gestand er den damaligen Mord.[13]

Ich glaube, ich habe Ihnen erst einmal genügend Beispiele gegeben von Kindern, die sich an ihre früheren Leben erinnern konnten. Ich könnte Ihnen noch Dutzende von ähnlich interessanten und beweiskräftigen Fällen berichten. Späterhin werde ich nochmals auf Kindererinnerungen zurückkommen, um Ihnen auch noch die endgültigen Beweise für die Reinkarnation zu geben. Doch wenden wir uns nun einmal jenen Fällen zu, in welchen Erwachsene sich an ihre früheren Leben erinnern.

II.

Erwachsene erinnern sich an ihre früheren Leben

Das Déjà-vu-Erlebnis in der Kathedrale von Salisbury

Verehrte Leser, ist es Ihnen vielleicht schon einmal so ergangen, daß Sie an einen Ort kamen und Ihnen alles derart bekannt vorkam, so daß Sie vielleicht gemeint haben: Hier bin ich schon vorher einmal gewesen? Und trotzdem wissen Sie ganz genau, daß Sie im jetzigen Leben noch nie dort gewesen sind und auch keinen Film über diesen Ort gesehen haben können. Vielen Tausend Menschen ist es so ergangen. Andere treffen zum ersten Mal einen bestimmten Menschen, und sie möchten schwören, daß sie ihn schon von irgendwoher kennen. Wieder andere erleben eine Situation, und sie sind überzeugt, daß sie das, was gerade geschieht, schon einmal in allen Einzelheiten erlebt haben.

In der Wissenschaft spricht man bei derlei Erlebnissen von Déjà-vu-Erlebnissen. Dieser Ausdruck entstammt dem Französischen und bedeutet 'schon gesehen'. Die verschiedensten Erklärungen für diese Art von Wiedererleben sind dafür gegeben worden. Es mag sein, daß eine Kryptomnesie vorliegt, das heißt, etwas, von dem wir einmal wußten, das wir aber vergessen haben, tritt plötzlich als Wiedererinnerung im Gedächtnis auf, ausgelöst durch eine ähnliche, gleiche oder identische Person, einen Ort, eine Situation oder gar durch ein Gefühl. Oft werden solche Déjà-vu-Erlebnisse mit Telepathie in Zusammenhang gebracht, nämlich, daß man die Gedanken oder das Unterbewußtsein eines anderen Lebenden oder Toten bzw. eines Erdgebundenen anzapft und dessen Erinnerungen plötzlich als die seinen sieht, die somit einen Déjà-vu-Effekt auslösen. Es mag aber auch sein, daß etwas, von dem man geträumt hat, ohne sich anschließend daran erinnern zu können, sich plötzlich als Realität zeigt und den Déjà-vu-Effekt bewirkt. Wissenschaftler denken bei solchen Erlebnissen, wenn überhaupt, nur zuletzt an mögliche Wiedererinnerungen aus früheren Leben.

Kommt zum Beispiel jemand von Ihnen zum erstenmal in einem neuen Ferienort an und ihm scheint alles sehr bekannt zu sein, ohne daß er je einen Filmbericht über diesen Ort gesehen hat, so mag es sein, daß er schon einmal zu einer viel früheren Zeit dort gewesen ist. So erging es dem Dirigenten Bruno Walter, als er zum ersten Mal nach Wien kam, wie in seiner Autobiographie nachzulesen ist. Ihm war die ganze Innenstadt vollkommen vertraut. Er wußte, wenn er an eine bestimmte Straßenecke kommt und nach rechts oder links schaut, daß er dann die und die Gebäude entdecken wird, die so und so gebaut sind. Dieses Erlebnis hatte er sicher seinem Freund und Lehrer Gustav Mahler erzählt, der ein Anhänger der Reinkarnation war. Dieser wird ihm eventuell dieses Erlebnis als eine Art Wiedererinnerung an ein früheres Leben erklärt haben. Dieses Erlebnis und die Erklärungen seines Mentors mögen ihn dazu geführt haben, daß er sich später als eifriger Sucher nach Wahrheit mit der Anthroposophie Rudolf Steiners auseinandersetzte.

Aus meiner Sicht muß in solch einem Fall nicht die Rückerinnerung an ein früheres Leben vorliegen. Wir Menschen haben die Eigenschaft, sehr neugierig zu sein. Wenn wir uns in der Nacht oder in den Nächten vor einer Abreise in ein neues Ferienland schlafen legen, gehen wir gern mit unserem feinstofflichen Astralkörper aus dem irdischen Körper heraus und besuchen jenes Ferienziel. Es mag also auch bei Bruno Walter so gewesen ein, daß er jener Musikerstadt schon einen oder gar mehrere Besuche im Schlaf abgestattet hatte, so daß sich nachher bei ihm ein Déjà-vu-Erlebnis einstellte.

Haben Sie einmal ein solches Erlebnis, dann versuchen Sie doch herauszufinden, ob zum Beispiel das Ferienhotel, bei dem Sie das Gefühl haben, es schon zu kennen, in allen Einzelheiten genau so aussieht, wie Sie dieses in Erinnerung haben. Versuchen Sie herauszufinden, ob die gleichen Blumenrabatten, die gleichen Bäume, die Farbe und das Aussehen der Fassade des Hotels identisch sind mit dem, was Ihnen als Déjà-vu-Erlebnis erscheint.

Sollte alles genau identisch sein, mit dem, wie Sie es in Erinnerung haben, dann dürfte es sich in den meisten Fällen um ein Erinnern an ein Astralerlebnis handeln.

Wenn Sie jedoch feststellen sollten, daß das eine oder andere etwas anders aussieht, daß zum Beispiel die Blumenrabatte gar nicht vorhanden oder anders vorhanden war, daß auch die Bäume nicht dort standen oder kleiner waren oder daß die Farbe des Gebäudes Ihnen doch anders erscheint, dann kann es sich um einen Ähnlichkeitseffekt handeln mit einer ähnlichen Situation oder einem ähnlichen Ort, oder es ist wirklich eine Wiedererinnerung an ein früheres Leben.

Somit möchte ich Ihnen jetzt von einem Wiedererkennungseffekt berichten, der sich in der Kathedrale von Salisbury in England abspielte.

Herr Richard ist Bankier in London. Schon immer hat er sich für die Architektur des christlichen Mittelalters interessiert. Er hatte nie darüber nachgedacht, wo wohl sein starkes Interesse für diese Art von Architektur herrühren könne. Eines Tages wollte er mit seiner Frau mal wieder nach Stonehenge mit dem Auto fahren. Doch es goß in Strömen. Sie beschlossen deshalb, in das benachbarte Salisbury zu fahren, sich einstweilen die dortige Kathedrale anzusehen, bis der Regen aufgehört haben mochte.

Als sie dort angekommen waren und die Kathedrale betreten hatten, hatte Herr Richard immer mehr das Gefühl, schon einmal hier gewesen zu sein, denn alles kam ihm so bekannt, ja vertraut vor. Doch als er hinauf zur Decke schaute, war dieser Effekt des Vertrautseins sofort wieder verschwunden. Sobald er sich aber wieder die Wände anschaute, war es wieder da. Und dann geschah es auf einmal, daß er sich in einer Vision als Arbeiter in einer einfachen Kleidung sah, der Steine schleppte und sie mit einem Seil hochhievte. Er konnte sehen, daß die im Bau befindliche Kathedrale noch kein Dach hatte, und nahm die Mitarbeiter genauestens wahr. Dann sah er sich plötzlich in einem Haus. Er wußte, daß er verheiratet war, sah seine Frau und seine Kinder. Sie alle lebten in Salisbury. Kurzum, er erlebte alles in diesen paar Minuten, als ob es sich um die Gegenwart handelte. Und dann war plötzlich alles wieder vorbei. Er versuchte seiner Frau, die wieder zu ihm gestoßen war, zu berichten, was gerade geschehen war. Es war, als ob er gerade einen Film gesehen hätte, in welchem er die Hauptrolle spielte, aber es war mehr als ein Film, denn er hatte auch alles mitempfunden, das Hochheben der schweren Steine, die Liebe zu seiner Familie.

An diesem Beispiel ersehen wir, daß es sich um eine Rückerinnerung an ein früheres Leben handeln mußte, denn Herr Richard hatte die Kathedrale in einer Phase ihrer Entstehung wiedererlebt. Die Bilder und Eindrücke, die er wiedererlebte, waren solche, die der heutigen Zeit nicht zuzuordnen sind. Sein Déjà-vu-Erlebnis bezog sich wirklich auf ein früheres Leben. Hätte er in dieser Kathedrale ein Déjà-vu-Erlebnis einer Begebenheit in eben diesem Gebäude vor hundert Jahren gehabt, als die

Kathedrale im wesentlichen genauso aussah wie heute, dann wäre eventuell die Gewißheit, eine Wiedererinnerung an ein früheres Leben gehabt zu haben, für ihn nicht so überzeugend gewesen. Er hätte sich dann genau daran erinnern müssen, in welcher Kleidung die betreffenden gesehenen Personen ihm erschienen waren oder welche Unterschiedlichkeiten zu heute eindeutig festzustellen waren.[14] Solche Déjà-vu-Erlebnisse geschehen oft ganz spontan, sind oft an Orte, Personen, Situationen, Gegenstände gebunden, können aber auch unabhängig davon, vor allem während der Meditation und in entspannten Situationen auftreten.

Der nächste Bericht ist dem aufsehenerregenden Buch »Kehren die Opfer des Holocaust wieder?« von Yonassan Gershom entnommen. Eine ganze Reihe von Klienten kommt in meine Rückführungstherapie, deren gravierende Symptome, wie Asthma, Alpträume, Dickleibigkeit, sich als Nachwirkungen erlebter Traumata im Holocaustgeschehen herausstellen. Rabbi Yonassan Gershom gibt in seinem Buch vor allem jene Berichte von Erfahrungen wieder, die heutige Juden und Nichtjuden über ein früheres Leben im Holocaust, spontan oder in gewissen Abständen sich wiederholend, wiedererlebt haben.

Die Uhr aus einem früheren Leben wieder erstanden

Herr Whittier wuchs in einem kanadischen Dorf von 1600 Einwohnern auf. Dort gibt es keinerlei Juden, wie er auch sein ganzes Leben lang, bevor er Rabbi Gershom traf, von zwei flüchtigen Begegnungen abgesehen, keinerlei Begegnungen mit Juden hatte. Auch hat er keine jüdischen Vorfahren. Vielmehr wurde er ganz im christlichen Glauben erzogen, und zwar sehr streng. Er trat später der Sekte der Pfingstgemeinde bei und erlernte bei ihnen, gemäß der Pfingstbotschaft im Neuen Testament, mit fremder Zunge zu reden. Jene Sektenmitglieder sind davon überzeugt, daß derjenige, der plötzlich in einer fremden Sprache spricht – meist sind es alte Sprachen, wie aramäisch oder hebräisch –, in solch einem Moment vom Heiligen Geist eingenommen wird, der es bewirkt, daß solche Phänomene geschehen dürfen. Man sagte ihm, daß jene Sprache, die der Heilige Geist durch ihn spreche, jiddisch sei. Er hatte nie diese Sprache irgendwo gehört, noch wußte er sie geographisch einzuordnen. Herr Whittier hatte einen Widerwillen gegen Schweinefleisch. Als er einmal in einem Second-Hand-Kleiderladen den Wühltisch durchsuchte, entdeckte er zwei kleine runde Kopfbedeckungen, die er erstand und öfter im Haus aufsetzte, denn er fühlte sich darunter besonders wohl. Erst später erfuhr er, daß es sich um jüdische Kippas handelte.

Seit April 1991 hatte er über eine Zeit von zwei Wochen hin nahezu jede Nacht einen sich wiederholendenTraum, der jedoch hin und wieder auch mehrere neue Episoden aus einem Leben als Jude im Zweiten Weltkrieg in Holland offenbarte. Er sah sich in einem Keller, in welchem er sich mit Mitgliedern seiner Familie vor den Polizisten und SS-Männern versteckt hatte, um nicht ebenfalls abgeholt und abtransportiert zu werden, wie es mit vielen Juden schon geschehen war. Im Keller hinter vollen Kartoffelsäcken hielten sie sich versteckt. Weniges hatten sie aus ihrer Wohnung mit hierher gebracht. Zu diesen Gegenständen gehörte auch eine Standuhr, die besonders wertvoll war und an der die Familie hing. Auch ihr Hund als unzertrennlicher Teil der Familie war im Keller mit versteckt gehalten worden. Herr Whittier sah im Traum, wie er seinen schwarzweißen Hund an der Leine kurz vor der Morgendämmerung nach draußen in den hinteren Garten führte. Plötzlich schien der Hund eine Gefahr zu spüren. Dann erklang aus der dämmrigen Dunkelheit auf einmal eine Stimme. Der Hund, der die nun Hervortretenden ansprang, wurde sogleich erschossen. Er selbst wurde festgenommen.

Herr Whittier wachte jeweils aus diesen Träumen sehr aufgewühlt auf. Vor Ende des dritten Traumes wurde ihm gesagt, daß diese Standuhr sich jetzt in Kanada befinde. Außerdem wurde ihm mitgeteilt, daß er auf der Bundesstraße 1 in Neu-Schottland in einem Antiquitätengeschäft eben diese Standuhr wiederfinden könne. Nachdem er aufgewacht war, blieb ihm dieser Traum lebhaft in Erinnerung. Wer mochte im Traum zu ihm gesprochen haben? War es der Heilige Geist, der sich schon öfter durch ihn in einer fremden Sprache verkündigt hatte?

Er nahm sich vor, diesem Hinweis bei nächster Gelegenheit nachzugehen. Aber noch kamen immer wieder neue Hinweise in den Träumen. Er kam nie darauf, daß es sich um Erinnerungen aus einem früheren Leben handeln könne, verbot doch seine Kirche diesen 'Aberglauben' aufs schärfste. Er sah sich nun in einem folgenden Traum in Sträflingskleidung zusammen mit anderen Männern und Frauen, unter denen er auch seine eigene damalige Frau wahrnahm, wie sie von reitenden Soldaten zu einem offenen Massengrab geführt wurden, wo sie alle erschossen und in dieses Grab hineingeworfen wurden.

Nachdem diese Träume aufgehört hatten, beschloß Herr Whittier, zusammen mit einem Freund nachzuforschen, ob es an jener Bundesstraße wirklich ein Antiquitätengeschäft gab, wo diese Standuhr zu finden sei. Sie entdeckten einen Antiquitätenladen, dessen Name in altmodischer Schreibschrift auf sich aufmerksam machte. Sie betraten den Laden, in welchem viele alte und auch kostbare antike Gegenstände zu sehen waren. Aber sie entdeckten keine Standuhr. Sie wollten enttäuscht schon wieder den Laden verlassen, als sein Besitzer durch die geöffnete Hintertür hereintrat. Dabei schloß er diese hinter sich. Jetzt konnten die beiden Besucher eine Standuhr entdecken, die bis dahin durch die geöffnete Tür verborgen gewesen war. Und Herr Whittier stellte sich wie gebannt vor diese Uhr. Er wußte auf einmal, daß diese Uhr genau jene war, die er im Traum nun öfter gesehen hatte. Er wußte auch, daß diese Uhr vormals ihm gehört hatte. Aber wie konnte dieses alles möglich sein, wenn es doch seinem Glauben gemäß keine wiederholten Erdenleben gab? Herr Whittier fragte den Ladenbesitzer, woher er all diese schönen Antikgegenstände habe. Jener erzählte den beiden Herren, daß er vor kurzem von einer Einkaufsreise aus Holland zurückgekommen sei. Die Behörden hätten dort endlich beschlagnahmtes Gut, was früher den abtransportierten Juden gehört habe, zur Versteigerung freigegeben. So habe er einen großen Teil seines neuen Bestandes dort erwerben können. Und auf die Frage Herrn Whittiers hin, ob diese Uhr auch aus jenem Kauf in Holland stamme, wurde dies bejaht. Als er nun nach dem Preis dieser Uhr fragte, mußte er einsehen, daß er sie sich nie leisten könne. Also verließen beide Freunde den Laden.

Doch Herr Whittier konnte diese Uhr mit allem, was er in den Träumen erlebt hatte, nicht mehr vergessen. Ja, es folgten noch mehrere Träume. Und wenn er sich entspannt hinsetzte und sich in das darin Erlebte hineinversetzte, kamen die Erinnerungen an jenes Leben in Holland von ganz alleine.

Er hörte von einem Rückführungsexperten, der Leute in Trance versetze und diese sich dann an ihre früheren Leben zurückerinnern lassen könne. Diese sollen dann oft ihre früheren Erlebnisse aus anderen Leben so plastisch und lebhaft wiedererleben, daß es für solche Zurückgeführten danach oft keine Zweifel mehr gebe, daß das, was sie in einer Rückführung erlebt hatten, auch wahr sei. Herr Whittier suchte nun diesen Rückführungsexperten auf und ließ sich von ihm in Trance versetzen.

In dieser Rückführung konnte er aus seinem Unterbewußtsein in jedem Detail sein vorausgegangenes Leben als holländischer Jude mit dem Namen Stefan Horwitz wiedererleben. Er erfuhr nun, wie er und seine Familienmitglieder sich im Gemüsekeller ihres Großvaters versteckt hielten, wie seine eigene Frau jeweils mit einem Seil einen Kartoffelsack derart zurückzuziehen wußte, so daß die Lücke geschlossen wurde und ein ungebetener Besucher nichts Auffälliges oder Verdächtiges in jenem Keller finden konnte. Auch entdeckte er dort jene Standuhr wieder, die ein Familienerbstück war. Er erlebte nun auch wieder, wie jene Männer der SS ihn schlugen, bis er ihnen das Versteck in jenem Keller zeigte. Alle, die sich dort versteckt hatten, wurden auf Lastwagen und später in Zügen abtransportiert. Bis zu seinem grauenvollen Ende konnte er jetzt alles in Klarheit wiedererkennen. Alles, was die Träume und auch weitere plötzliche Rückblicke ihm schon offenbart hatten, wurde nun bestätigt.

Aber er konnte auch das erleben, was unmittelbar nach seiner Erschießung mit ihm geschehen war. Er schwebte plötzlich im Licht und sah dort seine Frau Helen, wie sie ihm die Hände entgegenstreckte. Diese genaue Beschreibung zu lesen, möchte ich Ihnen, verehrte Leserinnen und Leser, sehr empfehlen.[15] Es wurde ihm hier auch der Sinn seines vergangenen Erdenlebens offenbart.

»Nach dieser großartigen Vision des nachtodlichen Lebens«, wie Herr Whittier später an Rabbi Gershom schrieb, »konnte ich mich endlich von den Qualen und Ängsten der Holocaust-Erinnerungen befreien.«

Ähnliches haben mir meine Klienten berichtet, die ebenfalls durch ein gleiches früheres Horrorleben gegangen sind. Rabbi Gershom hat über dieses Erlebnis, das ihm Herr Whittier aus Kanada mitgeteilt hatte, öfter in seinen Vorträgen berichtet. Es fanden sich Leute, die einen Obolus für den Erwerb dieser Uhr aufbrachten, so daß jener vormalige Besitzer in seiner heutigen Inkarnation im Mai 1996 wieder im Besitz seiner Standuhr war.

Sie sehen, liebe Leserin und lieber Leser, daß Träumen oft sehr große Bedeutung beizumessen ist, geben sie doch manchmal aus dem Unterbewußtsein und manchmal aus dem Überbewußtsein – oder von anderer Quelle stammend – Informationen über frühere Leben. Viele Menschen haben durch Träume zum ersten Mal über Ereignisse aus ihren früheren Leben erfahren, die sich jedoch erst im nachhinein als wahre Begebenheiten darstellten, dadurch, daß zusätzliche Bestätigungen durch andere Erlebnisse hinzugekommen waren.

Den folgenden Fall habe ich dem Buch »You will live again« von Brad Steiger entnommen. Ich habe Anfang der achtziger Jahre Brad einmal in Scottsdale in Arizona aufgesucht, wo er damals mit seiner zweiten Frau Francie lebte. Brad ist einer der gefragtesten Sachbuchautoren der Vereinigten Staaten auf dem Gebiet der Parapsychologie. Er hat bisher über hundertvierzig Bücher geschrieben, ist in unzähligen Fernsehsendungen aufgetreten und unermüdlich damit beschäftigt, uns höheres Wissen um die ewigen Wahrheiten, die wir in unserer technischen Zivilisation verloren haben, wieder in einer leicht verständlichen Art zugänglich zu machen.

Das Wiedersehen mit dem Bruder aus früherem Leben

Der Arzt Dr. Allen Haimes hatte schon als Junge Wiederholungsträume, in welchen er sich in einer Wüste erblickte. Er, wie auch die anderen Menschen, war in die Kleidung der Wüstenbewohner gehüllt. Diese Träume endeten meistens damit, daß er – wie es ihm schien – in Sand versank, während er noch eine Frauenstimme rufen hörte:»Suliman!«. Doch bevor er darin zu Tode gekommen war, wachte er irritiert und wahrscheinlich schweißgebadet auf. Diese Träume wiederholten sich bei diesem Jungen sehr häufig. Er wußte noch nicht einmal, was 'Suliman' bedeuten konnte: War es eine Person, ein Ort, oder bezeichnete es irgend etwas anderes? Neben seinem Medizinstudium studierte er Archäologie des Mittleren Orients und wurde immer mehr in den Bann der Pyramidologie gezogen. Er hatte späterhin auf Reisen den Mittleren Orient besucht, doch immer noch war es ihm nicht gelungen, Ägypten, seinem Reisewunschland, einen Besuch abzustatten. Als sein vierzigster Geburtstag gefeiert wurde, bestand das Geschenk seiner Ehefrau Judith darin, ihm eine Ägyptenreise zu spendieren. Zusammen reisten sie los.

Als sie während einer Nilschiffahrt in der Stadt Edfu Hand in Hand durch die engen Straßen spazierten, fühlten beide, daß ihnen alles so 'unglaublich' vertraut vorkam. Judith kam es gar vor, als ob sie die Sprache der Leute auf einmal verstehen konnte. Und als sie schließlich die Tempelanlagen von Luxor durchschritten, meinte Allen, daß der ägyptische Touristenführer genauso aussehe wie eine der Personen, die er in seinen früheren Träumen immer wieder gesehen hatte. Er vertraute seiner Frau auch an, daß sie in einem früheren Leben vor über tausend Jahren zusammen gelebt hatten und daß dieser Touristenführer in einem früheren Leben sein Bruder gewesen sei. Ihr Vater war damals ein Schreiber. In seinen Träumen habe jener Bruder Ahran geheißen. Er sei der ältere von ihnen beiden gewesen.

Und dann passierte folgendes. Als jener Touristenführer bei seinem Vortrag seine Blicke zu Allen gleiten ließ, hielt er plötzlich mitten im Satz inne und schaute unentwegt wie hypnotisiert in die Augen von Judiths Mann. Auch alle anderen, die an der Führung teilnahmen, blickten nun auf jenen Amerikaner, der anscheinend den Touristenführer aus dem Konzept gebracht hatte. Allen, der sich irritiert fühlte, zog nun seine Frau aus jener Gruppe heraus. Beide begaben sich im Taxi zurück zu ihrem Nilschiff. Doch er konnte nicht aufhören, über sein Leben damals in Ägypten zu sprechen. Am Abend erhielten sie von der Schiffsrezeption einen Anruf, daß dort für sie ein Gast warte.

Als beide zur Rezeption kamen, erhob sich ein Mann von seinem Sitz und kam auf sie zu. Es war jener ägyptische Touristenführer von diesem Nachmittag. Allen wurde ganz bleich, wie Judith bemerkte. Der Ägypter streckte nun seine Rechte aus und stellte sich beim Händeschütteln als Emil vor. Er habe, wie er sagte, Wichtiges mit ihnen zu besprechen. Wie er weiterhin ausführte, sei er zwar ein koptischer Christ, jedoch glaube er, schon viele Male auf Erden gewesen zu sein. In seiner Jugend wurde er schon von sehr heftigen Träumen heimgesucht, die ihm Erlebnisse aus früheren Leben widerspiegelten. »Heute, als ich während der Tempelbesichtigung in Allens Augen schaute, wußte ich, daß wir schon einmal miteinander verwandt waren. Ich weiß, daß wir vor etwa eintausend Jahren in Edfu gelebt haben.«

Allen begann, sich die Fakten, die Emil weiter aus einem gemeinsamen Leben angab, auf der Rückseite eines Briefumschlages aufzuschreiben. Auch Judith sei damals ein Familienmitglied geworden, als sie Allen geheiratet hatte. Nach der Hochzeit seien beide nach Luxor gezogen. Und Allen fragte ihn nun, welchem Beruf er nachgekommen sei. Emil führte aus, daß Allen damals ein Schreiber wie der Vater wurde, während er als der Älteste, dem dieser Beruf eigentlich nach der Tradition des Hauses zugestanden hätte, einen anderen erlernen mußte, da seine rechte Hand verkrüppelt war und sich nicht zum Schreiben eignete. Allens Aufgabe war es auch, die abgelieferten Säcke mit Weizen zu zählen, zu sortieren und sie in die Kornspeicher bringen zu lassen. Dort sei es geschehen, daß er in das Korn gefallen und darin versackt war, so daß man ihn nur noch tot daraus hervorholen konnte. Und Allen, der immer annahm, er sei früher im Sand versunken, sich aber keinen Reim darauf machen konnte, erfuhr nun, worin er wirklich versunken war. Weiterhin berichtete Emil, daß er ihn mit seiner damaligen Frau zu diesen Kornspeichern begleitet habe. Und dann, als er dort hineinfiel, habe seine Frau einen furchtbaren Schrei ausgestoßen und seinen Namen, nämlich 'Suliman', gerufen. Allen hatte sich inzwischen gesetzt. Jetzt erfuhr er, wer in seinen Träumen damals den Namen 'Suliman' gerufen hatte, der ihn dann jeweils aus diesem Traum zurückgeholt hatte. Es war seine damalige Frau, die er in diesem Leben wieder geheiratet hatte. Judith und Allen sind seitdem Freunde von Emil geworden. Sie haben ihn in den folgenden Jahren öfter besucht.[16]

Haben Sie nicht selbst für eine bestimmte Geschichtsepoche, für ein bestimmtes historisches Ereignis oder gar für eine berühmte Person vergangener Zeit ein gesteigertes Interesse? Geht Ihr Interesse gar so weit, daß Sie sich Bücher über jene Zeit oder jene Person zulegen? Manchmal kann solch ein Interesse zu einer Leidenschaft, ja zu einer Besessenheit werden. Ich kenne Menschen, die zum Beispiel alles über Alexander den

Großen, über die Römerkaiser, über Napoleon, über Metternich, über Bismarck, über den Dreißigjährigen Krieg, den Siebenjährigen Krieg oder über den letzten Weltkrieg lesen oder sich die entsprechenden Filme darüber ansehen. Es gibt Sammler, die sich auf bestimmte historische Gebiete begrenzen, z. B. alles sammeln, was sie über das Biedermeierzeitalter, die Gründerzeit oder über die Jugendstilzeit erwerben können. Wie ich aus meiner Erfahrung als Rückführungsleiter feststellen kann, haben sie in der jeweiligen Zeit auch wirklich gelebt. Was uns vormals lieb und teuer war, hat die Eigenschaft, uns wieder in seinen Bann zu ziehen.

Dr. Frederick Lenz gibt in seinem schon zitierten Buch die Geschichte eines amerikanischen Geschäftsmannes wieder, der sich leidenschaftlich mit dem amerikanischen Bürgerkrieg des letzten Jahrhunderts auseinandersetzt.

Auf dem Schlachtfeld kamen ihm die Erinnerungen zurück

Alexis ist ein pensionierter Geschäftsmann aus dem US-Staat South Carolina. Solange er sich zurückerinnern kann, war er fasziniert von dem amerikanischen Bürgerkrieg, der in den Jahren 1861 bis 1864 in den Vereinigten Staaten von Amerika wütete, als die Unionssoldaten des Nordens sich aufmachten, die Soldaten der Südstaatenkonförderation zu bekämpfen. Es ging in diesem Krieg in erster Linie darum, die Negersklaven in den Südstaaten zu befreien. Alexis wollte immer schon als kleiner Junge einen Soldaten der Konföderation spielen. Später, als diese Passion für den großen amerikanischen Krieg zu einer Obsession wurde, hatte er sich schon längst viele Bücher über jene Zeit angeschafft und gelesen, ja er trat sogar einem Fanclub bei, dessen Mitglieder sich ebenfalls von jenem Krieg immer noch berauschen ließen.

Es gibt in Amerika mehrere dieser Fanclubs, die sich fast ausschließlich mit jenem Krieg befassen, sei es in den Nordstaaten oder in den Südstaaten. Diese Mitglieder ziehen auch zu gewissen Anlässen die Uniformen der damaligen Zeit an. Viele von ihnen, zumal wenn sie einer der strikten Kirchenreligionen anhängen, glauben nicht an ein früheres Leben, obwohl es doch auf der Hand liegen müßte, daß sie aller Wahrscheinlichkeit nach in einem früheren Leben an eben diesem Krieg mittelbar oder unmittelbar beteiligt gewesen waren. Trauen diese sich einmal, zu einem Rückführungsexperten zu gehen, um herauszufinden, ob sie schon einmal in jener Zeit gelebt haben, dann werden sie im Detail die Bestätigung finden, daß dem so war. Hunderte von Menschen haben in meinen Rückführungen jene Plätze oder historischen Zeitperioden wiedererlebt, mit denen sie sich schon lange aktiv oder passiv beschäftigt hatten.

Alexis Spezialgebiet in diesem großen Bürgerkrieg war die Schlacht von Gettysburg, die im Juli 1863 ausgefochten wurde und mit dem Sieg der Nordstaaten endete. Er hielt sogar Vorträge in seinem Club über diese Schlacht. Als er sich wieder einmal für einen erneuten Vortrag vorbereiten wollte, besuchte er wiederum jenes riesige Schlachtfeld, das heute zu einem historischen Monument geworden ist, zu dem jährlich Zehntausende von Menschen pilgern. Doch als er über diese weiten Felder schritt, überdeckte eine andere Zeit seine jetzige. Er befand sich als Soldat der Konföderation mitten in der Schlacht. Überall roch es nach Pulver. Er hörte das Donnern der Kanonen und das Schreien von Verwundeten und die Befehle der Offiziere. Dann sah er, wie die geschlossenen Reihen der Unionssoldaten wie eine feste Mauer auf ihn und die Seinen zu marschierten. Plötzlich fühlte er einen Schmerz an seinem Bein und wußte, daß er von einer Kugel getroffen worden war. Einer seiner Kameraden bückte sich zu dem am Boden liegenden, legte die blutende Wunde bloß, um sie vorerst notdürftig zu verbinden. Doch dann kamen plötzlich vier blauuniformierte Soldaten und schossen auf beide. Der Kamerad stürzte tödlich getroffen über ihn, der nun auch noch von einer Kugel in den Bauch getroffen wurde, dort noch einen heißen Schmerz fühlte – und plötzlich wieder in die heutige Gegenwart zurückgekehrt war.[17]

Oft haben solche Menschen, die an einer früheren Wunde gestorben sind, im heutigen Leben genau an dieser Stelle entweder eine äußere Narbe und/oder eine innere Schwachstelle, so daß jemand heute in seinem Bauch ständig oder doch häufig chronische Schmerzen hat, während die Ärzte selbst nach gründlicher Untersuchung zu dem Ergebnis kommen, daß kein medizinischer Krankheitsbefund vorliegt, der

Betreffende entweder sich den Schmerz einbilde oder ein Hypochonder sei. Wie die Rückführungstherapie Menschen mit solcherlei Schmerzen, die noch aus einem früheren Leben herrühren, helfen kann, werde ich im nächsten Teil dieses Buches ausführlich erläutern. Meistens haben Menschen, die solch ein grauenhaftes Ende durch eine Person oder eine Situation erlebten, im heutigen Leben einen Horror vor allem, was mit jenem Erlebnis zusammenhängt. Je grauenvoller und langwieriger das Sterben ist, desto schlimmer sind die heutigen Nachwirkungen. Eventuell ist das Sterben von Alexis als Soldat auf dem Schlachtfeld von Gettysburg sehr kurz gewesen, so daß er seine Begeisterung vom Soldatenleben im Bürgerkrieg von damals auch in diesem Leben noch beibehalten hat.

Doch wollen wir uns nun solchen Erinnerungen zuwenden, in denen Liebe auf den ersten Blick sich als eine Liebe aus einem früheren Leben herausstellte.

Den Geliebten aus einem früheren Leben wiedergefunden

Eine Produktionsassistentin erzählte Brad Steiger folgende Geschichte. Sie ging eines Tages zu einem Gestüt, um dort wieder ein wenig zu reiten. In jenem Stall begegnete sie einem jungen Burschen. Als sie ihn ansah, überkam sie ein eigenartiges Gefühl von Nähe. Und plötzlich begrüßte sie ihn mit dem Namen 'Wesley', ein Name, der ihr gerade so einfiel. Und jener Junge grüßte zurück mit dem Namen 'Lillian'. Keiner von beiden fühlte, daß das für beide ein aus der Luft gegriffener Name war. Beide wurden sofort miteinander vertraut, und es entwickelte sich eine platonische Freundschaft. Sie erklärten ihre eigenartige Attraktion füreinander damit, daß sie sich schon in einem früheren Leben kennengelernt haben mußten. Sie nannten sich weiterhin mit den Namen, die sie sich zuerst gegeben hatten.

Doch eines Nachts hatte diese Frau einen fürchterlichen Traum, der für sie zu lebhaft war, um ihn einfach nur als irgendeinen Traum abtun zu können. Sie lebte als junge Frau in einer kleinen Stadt in South Dakota in der Mitte des achtzehnten Jahrhunderts. Sie sah die Obstbäume und die ungepflasterte Hauptstraße, die sich durch dieses kleine Städtchen zog. Dann stand auf einmal wutentbrannt ihr damaliger Ehemann vor ihr. Er hatte herausgefunden, daß sie ein Liebesverhältnis mit einem jungen Mann hatte. Der Ehemann warf in seinem Zorn die Öllampe auf sie. Das herausfließende Öl entzündete ihre Kleider im Nu. Sie verbrannte lebendigen Leibes. Plötzlich sah sie sich außerhalb ihres Körpers. Sie erblickte, wie ihr Liebhaber mit dem Namen Wesley sich in Eile dem Hause nahte. Doch die Flammen hatten schon das ganze Zimmer erfaßt, und er konnte nicht mehr zu ihr, die schon tot war, gelangen. Er ahnte, was sich ereignet hatte. Wesley holte sein Gewehr und schoß dem Ehemann seiner Geliebten eine Kugel in den Bauch. Lillian konnte auch noch von oben sehen, wie Wesley für diesen Mord gehängt wurde.

Diese Geschichte hätte man jetzt als eine 'schöne' Geschichte abtun können, indem man argumentierte, daß jene Frau als Erklärung für ihre Zuneigung zu einem stattlichen Jüngling im Traum nach gewünschten Zusammenhängen geforscht habe und ihr Unterbewußtsein hätte ihr diese Erlebnisse vorgegaukelt. Doch das Eigenartige ist, daß eben zu dieser Zeit der Jüngling aus einem furchtbaren Alptraum aufwachte. Seine Eltern hatten ihn im Schlafe den Namen 'Lillian' schreien hören, die er vor dem Feuer retten mußte. Wie er später seiner 'Lillian' erzählte, habe sich alles in einer kleinen Stadt abgespielt, in welcher sie seine Geliebte gewesen sei. Ihre damaligen Zusammenkünfte konnten nur in größter Heimlichkeit stattfinden, da sie ja verheiratet gewesen war. Sie teilten sich nun gegenseitig all das mit, was sie geträumt hatten, und stellten fest, daß ihrer beider Traumerlebnisse genau übereinstimmten.[18]

Wenden wir uns nun einer anderen Geschichte zu, in der die Betreffenden Liebe auf den ersten Blick verspürten, während sich ihnen ihr wahres früheres Leben erst zu einem späteren Zeitpunkt offenbarte.

Die jetzige erfüllte Liebe als Ausgleich für frühere unerfüllte Liebe

Auf einer Party trafen sich 1967 der Jurastudent John und die Vertreterin einer Telephonfirma Alison. Sofort fühlten sie sich zueinander hingezogen, und es dauerte auch nicht lange, bis sie sich gegenseitig ihre Liebe für einander eingestanden. Im darauffolgenden Jahr heirateten sie und zogen in das Studentenviertel von Cambrigde. Beide hatten das Gefühl, daß sie sich schon seit langem kennen mußten. Doch erst nach einigen Jahren wurde John in einer Vision offenbart, woher sie sich eigentlich kannten. Denn während die beiden eines Abends im Bett saßen und sich gegenseitig ansahen, veränderte sich auf einmal in Johns Wahrnehmung das Gesicht von Alison, wie auch der ganze Raum sich völlig umgestaltete. Die Vision schob sich über die augenblickliche Realität. Er sah sich und seine Frau in altertümliche Kleidung gehüllt, an den Wänden hingen Wandteppiche. Er wußte auf einmal, daß sie sich in England befanden zur Zeit des Mittelalters. Beide waren ineinander verliebt, doch hatten die Eltern der jungen Frau für sie schon eine andere Eheschließung vereinbart. In völliger Verzweiflung darüber, ihrem Geliebten nicht vermählt werden zu können, vergiftete sie sich. Er hingegen war außer sich vor Verzweiflung. Er beschloß, England für immer den Rücken zu kehren. Er ließ sich als Soldat anwerben und stürzte sich in die verschiedensten Kämpfe, um dort den Tod zu suchen. Schließlich kehrte er dennoch nach England zurück und verbrachte die restlichen Jahre seines Lebens als Mönch in einem Kloster.

Diese Vision hatte nur einige Minuten gedauert, und trotzdem war es, als ob er einen ganzen Film gesehen hätte. Ihm wurde klar, daß sie beide aus dem Grund wieder zusammen gekommen waren, um in diesem Leben das beenden zu dürfen, was sie vormals nicht hatten beenden können.[19] Wie ich meine, war eventuell für beide in jenem früheren Leben noch eine Lektion zu lernen, oder es stand noch ein karmischer Ausgleich an. Wie wir Rückführungstherapeuten immer wieder in den Reinkarnationstherapien bei unseren Klienten erfahren, sind die meisten der seelischen und körperlichen Leiderfahrungen auf Leben zurückzuführen, in denen die Leidbetroffenen selbst anderen Leid oder Schmerz zugefügt hatten. So könnte es sein, daß Alison in einem noch früheren Leben ihrer damaligen Tochter eine Ehe mit dem Geliebten verboten hatte, die sich dann aus Verzweiflung ebenfalls das Leben genommen hatte. John mag in jenem Leben der Vater dieser Tochter gewesen sein. Wir Menschen scheinen nur ein richtiges Verhalten nach den göttlichen Gesetzen auf Erden erlernen zu können, indem wir genau das, was wir anderen antun, ebenfalls an uns zu spüren bekommen. Das Gesetz des karmischen Ausgleichs dient allein der seelischen Reifung. Es ist immer gerecht. Es hat nichts mit Bestrafung zu tun. Es dient allein dem Erkennen und Begreifen durch Erfahrung. So sind auch viele unserer jetzigen Schicksalsschläge auf den karmischen Ausgleich zurückzuführen. Doch kann sich das Karma auch positiv auswirken. Hat zum Beispiel jemand etwas sehr Gutes im Sinne der göttlichen Gesetze vollbracht, so kann er dafür in diesem Leben belohnt werden. Denn was immer wir einem andern in Gedanken, Worten oder Taten antun, wird uns in dem gleichen Maß angetan werden. Wenn jemand ein segensvolles nächstes Leben haben möchte, dann sehe er zu, daß er in diesem Leben in Gedanken, Worten und Taten liebevoll zu anderen ist.

Mit den eigenen Kindern aus dem früheren Leben wieder vereint

Jenny Cockell wurde 1953 in England geboren. Sie hatte einen älteren und einen jüngeren Bruder. In ihrem Elternhaus herrschte meistens eine unangenehme Spannung, da ihre Eltern sich nicht verstanden. Jenny wurde vielleicht auch daher zu einem introvertierten Mädchen, was sie auch dazu veranlaßte, von dem, was sie innerlich erlebte, kaum etwas anderen gegenüber zu äußern. Jedoch waren ihre Erinnerungen an vier frühere Leben derart präsent, daß sie ständig neben ihrem jetzigen Leben Szenen aus jenen anderen Leben sah, ja sie sogar wiederzuerleben schien. Jedoch die meisten Rückerinnerungen hatte sie an eine Mutter mit acht Kindern, für die sie sorgte. Sie wußte, daß sie Mary hieß und sie selbst diese Mutter war. Sie sah sich durch den Ort und zum Markt gehen, sie sah von außen und besonders oft von innen ihr einfaches Häuschen, das weniger als einen Kilometer vom Ortskern entfernt lag, umgeben von Feldern und Bäumen. Auch ein Bach war ganz in der Nähe. Und auf der anderen Seite der Straße gab es eine Moorlandschaft. Sie wußte von Anfang an, daß das Land, in welchem sie lebte, Irland war. Ihr damaliger Ehemann befand sich meistens außerhalb des Hauses. Sie selbst ging ganz für ihre Kinder im Haushalt auf. Sie sah sich nähen, kochen, aufräumen. Sie nahm jedes ihrer Kinder wahr mit all deren charakteristischen Eigenschaften, doch fiel es ihr schwer, deren Namen klar zu bekommen, wie sie sich auch nicht an den Namen jenes Ortes erinnern konnte.

Es gab einige Szenen aus jenem Leben, die sich besonders klar darstellten. Sie sah sich, eingehüllt in einen langen Schal, in der Dämmerung an einem hölzernen Steg stehen, um auf ein Boot zu warten. Öfter sah sie folgende Begebenheit: Ihre Jungen hatten eine Falle aufgestellt und fanden am Morgen einen Hasen darin. Sie waren darüber erfreut, etwas gefangen zu haben, während sie selbst entsetzt darüber war, daß sie diese Falle aufgestellt hatten. Gott sei Dank, wie sie sah, war der Hase noch am Leben und konnte wieder freigelassen werden.

Als Jenny vier Jahre alt war, vertraute sie ihrer Mutter etwas aus jenem Leben als Mary an, das für sie Realität war, von dem sie glaubte, daß alles von ihr in einem früheren Leben erlebt worden war. Die Mutter belächelte nicht, was ihre Tochter vorbrachte. Sie hörte sich alles an und meinte als strikte Katholikin, daß der Glaube an frühere Leben nur eine Wunschvorstellung sei und nichts mit der Wahrheit zu tun hätte. Die kleine Jenny war nun über diese Einstellung der Mutter sehr enttäuscht. Hinfort behielt sie alles, was sie aus ihrem Unterbewußtsein über ihre früheren Leben erfuhr, ganz für sich. Doch blieb sie bei ihrer Überzeugung, daß das von ihr Erlebte Wirklichkeit aus früheren Leben war. Sogar in ihren Träumen sah sie Szenen aus ihren früheren Leben. Einer dieser Träume war ein furchtbarer Alptraum, der sogar öfter wieder auftauchte. Es war das Todeserlebnis der fünfundreißigjährigen Mary. Sie sah sich in einem hohen Krankenhauszimmer. Sie fühlte, daß sie Fieber hatte und daß sie schwer nach Atem rang. Was sie am meisten vermißte, war, daß ihre Kinder sie nicht besuchen kommen durften. Nur ihrem Mann erlaubte man Zutritt zu ihrem Bett. Irgendwie wußte sie, daß sie sterben würde. Sie fühlte keine Angst vor dem Tod, aber in sich verspürte sie eine starke Wut gegen das Schicksal, das sie den Kindern entziehen wollte. Denn ihnen galt ihre ganze Sorge. Dann sah sie sich auf einmal außerhalb des Körpers und erblickte ihren Mann von oben, der an ihrem Bett saß. An dieser Stelle wachte sie regelmäßig aus diesem Alptraum auf und fühlte immer noch jene Wut über das Schicksal, das ihren Kindern die Mutter weggenommen hatte.

Doch die meisten Rückerinnerungen kamen während des Tages. Als sie älter geworden war, zeichnete sie die Bilder ihrer Erinnerungen auf, wie zum Beispiel ihr kleines Haus, in dem sie als Mary gelebt hatte. Sie legte eine Ortskarte und eine Karte der Straßen und Wege an, die sie noch in Erinnerung hatte. Sie wußte, daß der damalige Ort, unweit von ihrem Haus entfernt, in nordöstlicher Richtung von Dublin lag. In ihrem Schulatlas schlug sie schließlich die Karten von Irland auf und fand einen nordöstlich von Dublin gelegenen Ort mit dem Namen Malahide, dessen Zubringerstraßen genau mit ihrer selbstgefertigten Landkarte übereinstimmten. Als sie siebenundzwanzig Jahre alt war, konnte sie sich eine Ortskarte von Malahide besorgen. Sie verglich diese mit ihrer vor Jahren gefertigten Ortskarte und war überrascht, daß alle wichtigen Straßen und Gebäude richtig darin eingetragen waren.

Als sie fünfundzwanzig Jahre alt war, unterzog sie sich ihrer ersten hypnotischen Rückführung. Denn ihre Erinnerungen an ihre früheren Leben, besonders das von Mary, hielten an. Jedoch jener Alptraum über ihr Sterben war schon seit Jahren nicht mehr aufgetaucht. Nun aber, in der Rückführung, ging sie nochmals im Detail Szenen aus ihrem damaligen Leben durch, einschließlich ihres Todes. Sie wußte, daß sie damals im letzten oder vorletzten Jahr ein totes Kind zur Welt gebracht hatte und daß man sie daraufhin davor gewarnt hatte, nochmals schwanger zu werden. Sie war jedoch wiederum schwanger geworden und war an den Folgen der Geburt eines gesunden Mädchens mit dem Namen Elisabeth verstorben. Ihr Todesjahr wurde mit 1932 angegeben. Ebenfalls erfuhr sie jetzt einige Namen ihrer übrigen Kinder. So war ihr nun ganz klar, daß ihre älteste Tochter genau wie sie geheißen hatte.

Jenny war inzwischen verheiratet und hatte selbst zwei Kinder. Ihr Mann zeigte viel Verständnis für ihren Drang, ihr früheres Leben als Mary zu erforschen. 1989 reiste sie zum erstenmal nach Malahide auf der irischen Insel. Als sie dort ankam, war sie schockiert darüber, was sich in den letzten 56 Jahren alles verändert haben mußte. Überall waren neue Gebäude und Wohnhäuser zu sehen. Und dort, wo ihrer Erinnerung nach ein Hof mit zwei Toren sein mußte, breitete sich ein Supermarkt aus. So war es ihr schwer, den Ort so wiederzufinden, wie sie ihn oft in ihren spontanen Erinnerungen gesehen hatte. Schließlich fand sie den Weg, der zu ihrem früheren Haus geführt hatte. Aber auch dort war kein Haus mehr zu finden, außer einer verfallenen Ruine. Der benachbarte Bach war zu einem verwaisten Rinnsal in einem Graben geworden. Erst bei einer wiederholten Reise nach Malahide war sie sich sicher, daß jene Ruine ihr Haus gewesen war. Als sie darin umherschritt, kamen ihr plötzlich Szenen aus jenem früheren Leben in diesem kleinen Haus wieder in Erinnerung, verbunden mit den Gefühlen, die sie damals dort gehabt hatte.

Durch Befragungen in der Nachbarschaft erfuhr sie, daß in jenem Haus ein gewisser John Sutton mit seiner Frau Mary und ihren Kindern gewohnt hatte. Sie schrieb nun die verschiedensten Briefe an Behörden, wo sie noch Unterlagen über die Familie Sutton zu erhalten hoffte, forschte in den Tauf- und Sterberegistern nach, schrieb an alle Suttons, die sie im Telephonbuch auffinden konnte, und sie setzte Annoncen in die Lokalzeitung, um Leute zu finden, die ihr über jene Familie noch mehr Auskunft geben könnten. Sie erfuhr, was sie ja schon durch die eigenen Erinnerungen und jene Rückführungen wußte, daß sie 1897 geboren und 1932 bei der Geburt eines Kindes gestorben war. Im Taufregister fanden sich sechs ihrer früheren Kinder mit Namen und Geburtstag. Jeffrey Sutton wurde 1923 geboren, gefolgt von den Geschwistern Philomena, Christopher, Francis, Bridget und der zuletzt geborenen Elisabeth. Doch dies waren nur sechs Namen ihrer damaligen Kinder, obwohl sie überzeugt war, acht gehabt zu haben. Erst später sollte es sich herausstellen, daß sie doch acht Kinder gehabt hatte, denn die beiden Kinder, die nicht in dem Taufregister des Ortes aufzufinden gewesen waren, nämlich Sonny und Mary, waren in einer anderen Kirche getauft worden. Sie erhielt durch einen glücklichen Umstand die Adresse von ihrem ältesten Sohn Sonny, der inzwischen in England wohnte.

1990 hatte man sie mit einer Fernsehjournalistin zusammengebracht, die sich für ihr Bemühen, ihrer Familie aus einem früheren Leben auf die Spur zu kommen, sehr interessierte. Jenny war es eigentlich nicht recht, daß zu dieser Zeit darüber schon etwas an die Öffentlichkeit gelangen sollte. Doch auf der anderen Seite wußte sie bald die Vorzüge zu schätzen, die eine solche Zusammenarbeit brachte. Diese Fernsehjournalistin wollte, bevor Jenny ihrem früheren Sohn gegenübergestellt würde, ihn selbst vor der Kamera interviewen, um ihm Fragen über sein Leben und seine Jugend in Irland zu stellen und besonders auf das Leben im Elternhaus zu sprechen zu kommen, ohne diesem nun Einundsiebzigjährigen den wahren Grund für dieses Interview verraten zu wollen. Denn Jenny hatte der Journalistin aufgetragen, ihm nicht zu sagen, daß sie selbst dessen frühere Mutter sei, um ihn nicht von vornherein abzuschrecken. Doch Jenny rief nun Sonny Sutton noch vor diesem Fernsehinterview direkt an. Sie legte dar, daß sie Träume habe, in welchen eine Frau Mary Sutton ihr aus ihrem Leben in Irland erzähle und ihr Bilder eingebe. Sie beschrieb ihm nun das Haus von außen und innen, in welchem er seine Kindheit verbracht hatte. Herr Sutton bestätigte alles als der Wahrheit entsprechend. Also wurde ein Termin für einen Besuch für den 23. September 1990 an dessen Wohnort verabredet.

Jenny hatte ihren Mann und die beiden Kinder nach Leeds mitgebracht, die sich natürlich ebenfalls dafür interessierten, ob es sich jetzt bewahrheiten würde, daß sie wirklich die frühere Mutter von diesem Mann war, denn wenn sich beider Aussagen deckten, wäre eindeutig der Beweis dafür erbracht, daß Jenny nicht irgend etwas phantasiert hatte, sondern daß ihre schon in der Kindheit erlebten Erinnerungen über ein früheres Leben in Irland auf Tatsachen zurückzuführen waren, daß sich also ihre Reinkarnationserlebnisse als echt bewiesen hätten. Obgleich Herr Sonny Sutton schon ein betagter Herr war, erkannte Jenny ihn bei diesem Besuch sofort wieder an der Art, wie er sich gab. Sie erzählte ihm nun, was seine verstorbene 'Mutter' ihr im Traum über das Leben in Irland mitgeteilt hatte, und Herr Sutton mußte mit Erstaunen zugeben, daß jene Durchgaben der Richtigkeit entsprachen. Die Fernsehjournalistin, die zuvor Herrn Sutton aufgesucht und interviewt hatte, hatte ihn gebeten, einen genauen Lageplan des Hauses in Malahide von innen und außen zu skizzieren. Nun holte Jenny ihre Skizzen hervor, die sie schon vor vielen Jahren als Jugendliche angefertigt hatte, und beide verglichen ihre Skizzen miteinander. Jenny mußte zu ihrem Mann immer wieder sagen: »Schau, auch das stimmt ganz genau überein!« Sie beschrieb ihm nun Einzelheiten des Grundstückes und die Nachbarhäuser, und ihr Gegenüber bestätigte die Richtigkeit der Feststellungen und verwunderte sich immer wieder über das exakte Wissen dieser Frau über die Welt seiner Kindheit. Alsdann kamen sie auf die einzelnen Personen in der Familie zu sprechen. Jenny beschrieb sie richtig und konnte bestimmte Charakterzüge von ihnen wiedergeben. Dann beschrieb sie seine Mutter und zählte auf, was sie alles an Kleidungsstücken getragen hatte. Auch der Haarknoten, den sie trug, wurde von Sonny bestätigt. Schließlich kamen sie auf Marys Vater zu sprechen, der ein Bahnbeamter war und eine Schranke betreute, neben welcher ein Bahnwärterhäuschen stand, in welchem er oft auch die Nächte zubrachte. Komischerweise hatte Jenny nur wenige Erinnerungen an ihren damaligen Ehemann erhalten. So war sie jetzt froh, von Sonny mehr über ihn zu erfahren. Sie erinnerte sich allerdings daran, daß er oft Dachgerüste anfertigte und während des Ersten Weltkrieges Soldat gewesen war. Doch mußte das Verhältnis zwischen diesem Ehepaar gelitten haben, denn John Sutton ließ sich dann nur noch selten zu Hause sehen. All dies bestätigte dessen Sohn und fügte hinzu, daß sein Vater zu einem Alkoholiker wurde und derb auf ihn eingeschlagen habe.

Sie erzählte ihm, daß seine Mutter ihm von einer Falle erzählt hätte, in welcher die Kinder einen Hasen gefangen hatten. Sonny konnte noch zusätzliche Details zu diesem Ereignis hinzufügen, denn jenes hatte sich ihm tief eingeprägt. Für ihn war es ein unfaßliches Phänomen, wie diese ihm gegenübersitzende fremde Frau das alles so genau wissen konnte. Jenny fragte ihn, was die Mutter damit gemeint haben könnte, daß sie ihr öfter ein Bild durchgab, wo sie auf einem hölzernen Steg stand und in der Dämmerung auf ein Boot wartete. Herr Sutton erklärte ihr, daß sie auf ihn gewartet hätte, denn er wäre damals jeden Abend von einer benachbarten Insel, wo er als Golfjunge sein erstes Geld verdiente, mit dem Boot zurückgerudert. Er verdiente dort pro Tag zwei Schillinge und Sixpence. Jene zwei Schillinge habe er immer der Mutter abgegeben, und die Sixpence habe er behalten. Selbst an den Schal, den Frau Mary Sutton damals um den Hals geschlungen hatte, konnte sich deren Sohn noch gut erinnern. Sonny bestätigte auch, daß seine Mutter eine Totgeburt hatte und daß sie bei der Geburt der jüngsten Tochter in einem Krankenhaus in Dublin gestorben sei. Ihre Söhne wurden nun in Waisenhäusern und ihre Töchter in Klosterschulen untergebracht. Für Jenny war es klar, daß sie ihren ältesten Sohn aus dem Leben als Mary Sutton wiedergefunden hatte. Dann offenbarte sie ihm, daß sie seine frühere Mutter war. Er brauchte eine ganze Weile, um sich mit diesem Gedanken vertraut zu machen. Aber schließlich akzeptierte er sie als diejenige, für die sie sich ausgab, und zwischen ihnen entstand eine anhaltende Freundschaft.

Mit Sonnys Hilfe und eigener Nachforschung konnte Jenny fünf ihrer sieben noch lebenden Kinder wiederfinden. Und 1993 fand ein großes Familienzusammentreffen all dieser fünf Kinder von Mary Sutton, wiedergeborene Jenny Cockell, statt. Die beiden Schwestern Phyllis (Philomena) und Betty (Elisabeth) galten für die drei Brüder, die sich zusammen mit ihrem inzwischen verstorbenen Bruder Jeffrey 1985 nach langer Zeit zum erstenmal wieder getroffen hatten, für unauffindbar. Sie hatten diese Schwestern seit sechzig Jahren nicht mehr gesehen. Ihre Mutter aus einem früheren Leben, die in diesem Leben von den Jahren her gesehen, eines jeden Tochter hätte sein können, hatte sie alle, bis auf diese beiden Schwestern, wieder vereinigt. Und natürlich war das Fernsehen dabei, denn solch ein einmaliges Wiederzusammentreffen wollten sie dokumentarisch festhalten und selbstverständlich auch den Fernsehzuschauern präsentieren. Sonny hatte seine Geschwister gefragt, was sie darüber dachten, daß Jenny ihre frühere Mutter sein könnte. Die meisten von ihnen konnten die Reinkarnation als Tatsache nicht anerkennen, da solches ihre katholische Kirche nicht lehrte. So glaubten sie, daß wirklich ihre frühere Mutter aus dem Himmel durch Jenny gewirkt habe, um die ganze Familie, so sie noch auf Erden lebte, wieder zusammenzubringen.

Jenny konnte sich auch noch an ein Leben erinnern, das zwischen jenem in Irland und dem jetzigen in England lag. Sie wurde 1940 als Junge in England geboren und starb im Alter von fünf Jahren an einer Virusinfektion. Ihr Buch »Unsterbliche Erinnerung (Yesterday's Children)«[20], in welchem sie ihre Suche nach ihren früheren Kindern aus einem vergangenen Leben beschreibt, wurde ein Bestseller und in eine ganze Reihe von Sprachen übersetzt.

Liebe Leserinnen und liebe Leser, was denken Sie von dieser erfolgreichen Suche nach den Kindern aus einem früherem Leben? Ist dieser Bericht nicht ein überzeugender Beweis für die Reinkarnation, der eigentlich auch strikten Kirchengläubigen einiges zu denken geben müßte? Das Kreuz mit der Kirche besteht aber darin, daß die Frühkirche der ersten fünf Jahrhunderte die Reinkarnation lehrte, allen voran Origines, der erste große Kirchenlehrer. Selbst Jesus hat sich zur Reinkarnation bekannt, indem er in Johannes dem Täufer die Reinkarnation von Elias sah. Aber darüber werde ich Ihnen in einem gesonderten Buch berichten, das den Titel tragen wird »Sie hatten es immer gewußt – Der Reinkarnationsgedanke in den Religionen der Völker und bei den Wissenden dieser Welt«.

In den beiden nächsten Berichten spielt die Rückführung schon eine gewichtige Rolle. Trotzdem habe ich sie mit in diesen Teil, der sich mit Erinnerungen Erwachsener an frühere Leben befaßt, einbezogen, da die eigentliche Beweisführung über die Realität eines früheren Lebens schon vor einer Rückführung bestand, während die Fakten, die durch das Hinabtauchen in frühere Leben mittels der Hypnose aufgedeckt wurden, nur noch Ergänzungen und Bestätigungen brachten. Im ersten nun folgenden Bericht wurden die Aussagen eines Mediums im nachhinein bestätigt.

Die Durchgaben eines Mediums über ein früheres Leben werden bestätigt

Dick Sutphen könnte man 'Mister Reincarnation of Amerika' nennen, denn er ist Amerikas berühmtester Promotor der Reinkarnation. Dick hat fünfzehn Bücher zum Thema Reinkarnation geschrieben, über dreihundert besprochene Kassetten nebst Videos herausgegeben, er ist in über dreihundert Fernsehsendungen aufgetreten, und seine Gruppenrückführungsseminare sind von mehr als hunderttausend Teilnehmern besucht worden. Er hat außerdem Pionierarbeit auf dem Gebiet der Rückführungstherapie geleistet, und ich habe die Ehre, ebenfalls von ihm zum Rückführungstherapeuten ausgebildet worden zu sein. In seinem Buch »*You were born again to be together*«[21] berichtet er über einen interessanten Fall.

Er leitete schon Anfang der siebziger Jahre in einem Hypnosezentrum ein Seminar, das sich mit Gruppenrückführungen in frühere Leben befaßte. Eine seiner besten Schülerinnen war Trenna, die es schon nach kürzester Zeit fertigbrachte, sich selbst in frühere Leben zu versetzen. Dick und Trenna verliebten sich ineinander und zogen zusammen. Während Dick eines Abends noch an seinem Schreibtisch saß, versetzte Trenna sich selbst in einen Trancezustand, um zu sehen, ob sie mit Dick schon in einem früheren Leben zusammen gewesen war. Was sich ihr auf ihrem 'inneren Bildschirm' darstellte, war, daß sie sich als eine junge Indianerin erblickte, die bei Sonnenuntergang auf eine grasbewachsene hügelige Landschaft hinausstarrte und auf ein Urteil oder eine Entscheidung wartete, die hinter ihr in einem Zelt nun getroffen werden sollte. Sie fühlte, daß der Stamm gegen sie eingestellt war. Dann trat ein großer Indianer, mit einer Halskette behangen, auf sie zu, nahm sie bei der Hand und führte sie in den Kreis der anderen. Dort klopfte er sanft mit der Hand auf ihren Bauch und bedeutete somit den sie Umstehenden, daß alles in Ordnung sei. Und die Indianerin wußte, daß sie das Kind in ihrem Bauch zu ihrer Freude austragen und behalten durfte.

Nachdem Trenna aus dieser Selbstrückführung wieder herausgekommen war, ging sie sogleich zu ihrem Freund und berichtete, was sie soeben über ihn als früheren Indianer und sich als Indianerin erlebt hatte. Und plötzlich wurde Dick hellhörig, denn irgend jemand hatte ihm doch schon mal vor einiger Zeit die gleiche Situation beschrieben, in welcher er der Indianer war. Wer und wo war das nur? Und dann erinnerte er sich an ein berühmtes Medium, welches er zwei Jahre zuvor aufgesucht hatte. Es handelte sich um Kingdon Brown. Er konnte sich jetzt nur noch schwach an dessen Durchgaben erinnern, aber es hatte auf jeden Fall mit dem zu tun, was nun Trenna aufgedeckt hatte. Er selbst hatte ihr nie etwas darüber berichtet.

Er wußte, daß er damals diese Durchgaben von Kingdon aufgenommen hatte. Irgendwo mußte dieses Tonband aufbewahrt liegen. Und da Dick gerne Genaueres über das von Trenna soeben Erlebte wissen wollte, schlug er ihr vor, sogleich noch einmal gründlicher in einer von ihm geführten Rückführung in ihrem Unterbewußtsein nachzuforschen, was eigentlich genau passiert war.

Sie sah sich auf einmal als jene Indianerin in einem Zelt vor dem Indianer sitzen. Dieser war über sie enttäuscht. Auf Dicks Frage hin, der sich in Dialogform mit Trenna als Indianerin unterhielt, warum dieser Indianer enttäuscht war, teilte sie ihm mit, daß sie von Kriegern eines feindlichen

Stammes in Abwesenheit der Männer ihres Stammes gefangengenommen und entführt worden war. Man hatte sie vergewaltigt. Sie habe es aber geschafft, jenem fremden Stamm zu entkommen und den Weg zu ihrem Stamm zurückzufinden. Der Indianer, der nun vor ihr sitze, war ihr Verlobter gewesen. Er war enttäuscht darüber gewesen, daß sie sich nicht selbst das Leben genommen hatte, nachdem man sie vergewaltigt hatte. Alle Leute, nachdem sie zurückgekehrt war, hatten mit Verachtung auf sie geschaut. Allein dieser Indianer scheint nun seine Meinung zu ändern. An ihm liegt es, ob er sie als seine Frau trotzdem nehmen will und ob er auch das Kind nach der Entbindung leben lassen wird.

Indem Dick sie die weiteren Stadien ihres damaligen Lebens wiedererleben läßt, sieht sie, wie ihr Junge nun heranwächst, aber von allen als ein Außenseiter betrachtet wird, der mit einem Makel behaftet ist. Und als Dick sie auffordert, zu einem für sie sehr wichtigen Erlebnis zu gehen, sieht sie, wie ihr Sohn wegen seiner Tapferkeit von den anderen ausgezeichnet wird. Denn er konnte seinen Stamm vor den herannahenden Feinden rechtzeitig warnen, so daß sie sich noch erfolgreich gegen die Angreifer verteidigen konnten. Kurz vor ihrem Tod, auf ihr Leben zurückblickend, berichtet sie, daß ihr Sohn nun Kinder habe und daß für sie das bedeutendste Ereignis ihres Lebens darin bestand, daß ihr Sohn vom Stamm völlig akzeptiert worden war.

Am nächsten Tag suchte Dick unter seinen vielen Tonbändern und fand schließlich jenes Tonband, auf welchem die Durchgaben jenes Mediums aufgezeichnet waren. Kingdon Brown befand sich damals in einer leichten Trance. Er beschrieb zuerst eine Indianerin, die schwanger war. Dann sah er sie, wie sie das Kind auf den Schultern trug. Schließlich wechselte die Szene und er erblickte einen großen Indianer, eingehüllt in eine Decke, der bei Sonnenuntergang auf- und abschritt und mit einer Entscheidung zu ringen hatte. Und nach einer längeren Pause fuhr Kingdon fort: »Er muß entscheiden, ob ein Kind, das bald geboren werden wird, leben darf oder nicht.« Und zu Dick gewandt, sagte er, daß er dieser Indianer sei und daß dieser sich doch dazu entschlossen habe, das Kind leben zu lassen.

Ich habe in früheren Jahren sehr viele Medien in den verschiedensten Ländern aufgesucht, um über mich und auch über frühere Leben etwas zu erfahren, eine Praxis, die ich schon lange nicht mehr verfolge. Oft sind diese Durchgaben ungenau, vage, zu allgemein oder auch vollkommen falsch. Doch hin und wieder sind sie auch verblüffend richtig, wie hier in diesem Beispiel. Auf jeden Fall ist es meiner Meinung nach wichtig, sich nie (!) abhängig von irgendwelchen Durchsagen zu machen. Ist es doch geradezu unsere Aufgabe, allein die Entscheidungen zu treffen. Selbst wenn wir die falsche Entscheidung treffen, lernen wir auf jeden Fall daraus und werden bei einem Wiederholungsfall, durch die vorausgegangene falsche Entscheidung klug geworden, nun die richtige Entscheidung treffen. Menschen, die ihre Entscheidungen abhängig machen von den Durchgaben der Medien, scheuen sich davor, sich selbst entscheiden zu müssen. Aber gerade darum geht es doch in unserem Leben, daß wir für unser Handeln die Selbstverantwortung übernehmen. Suchen wir aber befähigte Medien auf, um aus einer höheren Quelle Hinweise zu erhalten, die unser spirituelles Wachstum fördern, dann sind solche Durchgaben oft von großem Wert.

Seine Frau aus einem früheren Leben wiedergefunden

Ein Mann erzählte Brad Steiger folgende Geschichte:[22]

Mitte der siebziger Jahre ruderte er, dem Brad den Namen Roy gab, mit seinem Sohn auf dem Baker Lake im Norden des Staates Washington. Roy hatte sich einer der neuen christlichen Sekten angeschlossen und dort eine Wiedertaufe erfahren. Plötzlich auf dem See überkam es ihn, als ob dieser See, die Berge, ja die ganze umliegende Landschaft ihm bekannt sei, daß er dieses hier alles schon einmal gesehen haben mußte, aber nicht auf einer Ansichtskarte oder in einem Film. Er sah sich auf einmal in einem Kanu und paddelte darin allein auf diesem See. Er hatte einen anderen Körper samt anderem Aussehen und anderer Kleidung, die derjenigen eines Fallenstellers vergangener Zeiten glich. Er hatte also ein typisches Déjà-vu-Erlebnis. Er war von dessen Echtheit vollkommen überzeugt, was hieß, daß er zugeben mußte, soeben Erinnerungen aus einem früheren Leben gehabt zu haben. Nun stand er in dem großen Konflikt, ob er demzufolge an die Reinkarnation als Faktum glauben sollte oder daß der 'Teufel' ihm gerade einen Streich gespielt hatte. Denn den Glaubensvorstellungen seiner Sekte zufolge gab es natürlich keine früheren Leben, wohl aber den Teufel, der uns trügerische Dinge vorgaukelt, um uns vom rechten, ja vom einzig rechten Glauben abzulenken und uns schließlich in sein Reich, eben in seine Hölle zu führen. Von der Richtigkeit des Glaubens seiner einzig seligmachenden Sekte überzeugt, betete er voller Inbrunst zu Gott, damit er diese irritierenden Bilder einer früheren Existenz von ihm wegnehme, denn immer wieder drängten sich ihm Rückerinnerungen an dieses Leben als Fallensteller auf. In einem Gebet hörte er, wie er glaubte, Gottes Stimme, die ihm sagte, daß er ihm noch die Frau zuführen würde, welche er in jenem Leben geliebt hatte.

Dieser 'Teufel' ließ ihm indes keine Ruhe mehr. Er besorgte sich heimlich Bücher über die Reinkarnation. Und schließlich wagte er es, sich zu einem Rückführungstherapeuten zu begeben, um herauszufinden, ob er denn wirklich jenes frühere Leben als Trapper im Nordwesten der Vereinigten Staaten gelebt hatte. In dieser hypnotischen Rückführung erfuhr er folgendes, das sich ihm aus seinem Unterbewußtsein offenbarte, in welchem ja alles, was er je in Erdenexistenzen erlebt hatte, aufgezeichnet ist.

Er war in den Jahren vor der Französischen Revolution mit dem Namen Jacques geboren worden und floh vor dieser mit seinen Eltern nach Kanada. Dort wurde er später ein Fallensteller, der vom Verkauf der Felle lebte. Sein Jagdgebiet waren die Gebirge und Wälder im Südwesten Kanadas und im Nordwesten der Vereinigten Staaten. Es gelang ihm einmal, den Häuptling eines Stammes vor einer Todesgefahr zu bewahren, was ihm dessen Freundschaft eingetragen hatte. Dieser Häuptling vertraute ihm seine Pflegetochter an und erklärte ihm, daß sie die Tochter eines weißen Mannes sei. Dieser war Alkoholiker und hatte seine eigene Tochter, die vor ihm große Angst hatte, weil er sie mißhandelte, bei dem Häuptling zurückgelassen. Der Häuptling wußte, daß der Vater bald zurückkehren würde, um seine Tochter Isabel abzuholen. Er bat Jacques, sie in die Wälder mitzunehmen, um sie vor ihrem Vater in Sicherheit zu bringen. Jacques nahm nun Isabel mit in die Wälder.

In den ersten Monaten ließ er sich mit ihr am Bakersee nieder. Er verliebte sich in dieses Mädchen und schwor ihr, sich nie von ihr trennen zu wollen. Später zogen sie an die Küste des Puget Fjords und bauten sich dort ein Holzhaus. Sie führten ein sehr glückliches Leben, das allein getrübt wurde durch die Fehlgeburt eines Jungen. Doch Jacques wurde, bevor er dreißig Jahre alt war, von einem Bären getötet. Er erfuhr auch in jener Rückführung – wahrscheinlich durch sein Höheres Selbst oder seinen Geistführer –, daß Isabel wenig später aus Einsamkeit und Todessehnsucht ebenfalls gestorben war.

Roy war nun restlos von der Wahrhaftigkeit der Reinkarnation überzeugt, denn das, was er in spontanen Erinnerungen aus jenem Leben gesehen hatte, entsprach genau dem, was er nun in der hypnotischen Rückführung erlebt hatte. Aber das war noch nicht das Ende der Geschichte.

Inzwischen hatte er sich von seiner ersten Frau scheiden lassen. Trotz seines neuen Glaubens an die Reinkarnation blieb er in seiner Sekte. In dieser Kirche erblickte er eine junge Frau, von der er seine Augen gar nicht mehr abwenden konnte. Er fühlte sich sofort zu ihr hingezogen, aber seine Scheu ließ es nicht zu, sie anzusprechen. Aber immer wieder geschah es, daß sie einander begegneten. Bei solch einer Begegnung unterhielten sie sich und stellten fest, daß sie beide mit Leidenschaft Bridge spielten. So trafen sie sich häufiger in einem Club und spielten als Partner Bridge. Und nach einem solchen Abend saßen sie im Auto, und Roy vertraute ihr, die Susie hieß, sein Geheimnis an. Er erzählte ihr, daß er in einem früheren Leben als Trapper im Nordosten auf dem Gebiet der heutigen Vereinigten Staaten gelebt habe, wo er mit einer jungen Frau in einem Blockhaus .... Hier unterbrach ihn Susie und sagte, daß sie dieses Haus kenne. Sie beschrieb nun in Einzelheiten jenes Haus. Roy glaubte, seinen Ohren nicht zu trauen. Und zu seiner weiteren großen Verwunderung fügte sie hinzu: »Wir hatten eine Totgeburt. Es war ein Junge.« Und dann schaute Roy ihr tief in die Augen. Er glaubte jetzt ganz sicher, die Reinkarnation von Isabel vor sich zu haben. Was hatte nochmals jene Stimme Gottes zu ihm gesagt? Hatte sie ihm nicht von einer Frau gesprochen, die er ihm zuführen werde und die jene Isabel gewesen sein sollte? Auf seine Frage hin, woher sie wisse, jene Frau gewesen zu sein, antwortete sie, daß sie vor zwei Jahren in der Meditation von diesem Leben erfahren und danach auch alles niedergeschrieben habe. Und auf einmal umarmten sie sich und weinten Tränen der Freude. Sie versprach ihm, bei ihrem nächsten Treffen diese Aufzeichnungen mitzubringen.

Roy, als er schließlich diese schriftlichen Aufzeichnungen von Susie las, erfuhr nun, daß in jener Meditation ein Mann namens Jacquews zu ihr gekommen sei, der seine Arme um sie gelegt und gesagt hätte, daß sie beide Ende des achtzehnten Jahrhunderts am Purget Fjord zusammengelebt hätten, daß er ein französischer Trapper aus Kanada sei und er bald zu ihr käme, denn sie beide gehörten zusammen, doch habe er zuerst noch einige Knoten aufzulösen. Er sei in Frankreich geboren, und seine Eltern wären nach Kanada ausgewandert. Jacques habe ihr auch genau jenes Blockhaus beschrieben, in welchem sie gewohnt hatten, samt der umliegenden Gegend. Auch habe er ihr von der Totgeburt ihres gemeinsamen Sohnes erzählt.

Susie hatte einigen nahen Freunden von diesem Meditationserlebnis berichtet, und diese meinten, daß es sich um eine Ankündigung ihres Seelenpartners handeln müsse. Jedoch nach einem Jahr hatte sie diese Aufzeichnungen fortgelegt und in der Folge auch nicht mehr an jenes Meditationserlebnis gedacht.

Zwei Wochen später hatten sie sich aufgemacht, jene hundertfünfzig Kilometer nach jenem Bakersee zu fahren, wo Roy seine ersten Déjà-vu-Erlebnisse gehabt hatte. Dort angekommen, wollte Roy ein wenig im Wald herumgehen, um 'die Fallen zu überprüfen'. Susie war einverstanden und blieb in der Nähe des Wagens zurück, denn sie wollte sich dort an den See setzen und meditieren. Doch sobald Roy außer Sicht war, wurde Susie von einer Panik ergriffen, die ihr völlig unbekannt war. Sie hätte am liebsten schreien mögen, damit er schnell zu ihr zurückkehre.

Als Roy von seinem Spaziergang zurückgekehrt war, erzählte sie ihm von ihrer panischen Angst, daß ihm etwas im Wald passieren könnte. Roy hatte inzwischen die Rückführungstechnik erlernt, und er schlug ihr vor, an diesem Abend zu Hause eine Rückführung mit ihr vorzunehmen. Susie sah sich in jenem Leben als die Tochter eines Elternpaares im östlichen Teil der Vereinigten Staaten und hieß 'Isabelle'. Dann verstarb ihre Mutter. Der Vater wurde daraufhin zum Trinker, schlug sie oft und mißbrauchte sie sexuell. Schließlich sei er mit ihr, als sie neun Jahre alt war, nach dem äußersten Westen jenes Kontinents gezogen und mit einer Gruppe von

Männern durch die Wälder gestreift. Hier habe er jenen Häuptling kennengelernt. Sie wußte aber nicht, ob der Häuptling sie gekauft oder dem Vater weggestohlen hätte. Der Häuptling behandelte sie wie seine Tochter. Als sie etwa zwölf Jahre alt war, kamen Gerüchte auf, daß ihr Vater zurückkommen würde, um sie wieder zu holen. Darum bat der Häuptling seinen weißen Freund Jacques, sie in die Wälder mitzunehmen, bis die Gefahr vorbei sei. Sie zogen an jenen See. Der Vater hatte sie nie gefunden. Dort und später an einer Bucht lebten sie sieben Jahre lang, bis er hinter der Hütte von einem Bären überrascht und getötet wurde. Sie selbst habe damals die Hütte nicht mehr verlassen und sei darin verhungert.

Nun hatten beide ihre frühere Geschichte von verschiedenen Seiten wiedererlebt. Für sie war es klar, daß alles der Wirklichkeit entsprach, daß sie früher jenes Leben in den Wäldern geführt hatten. Es dauerte auch nicht lang, dann waren sie ein Paar. Ich bin fast geneigt zu schreiben: »Und wenn sie nicht gestorben sind, dann ....« Sie wissen schon, was ich meine. Denn oft ist die Wirklichkeit märchenhafter als irgendwelche Phantasieprodukte. Viele Menschen haben ganz eigenartige äußere und innere Erlebnisse, wagen aber nicht, jemand anderem darüber zu berichten, aus Furcht, nicht verstanden zu werden oder gar als versponnen zu gelten. Doch vielleicht sind diese Menschen nicht 'versponnen', sondern wir sind nur eingesponnen in Kurzsichtigkeit oder Unwissenheit. Denn es gibt noch so viele Dinge, die wir noch nicht verstehen, die wir jedoch mit der Zeit, sei es in diesem oder in zukünftigen Leben, noch verstehen lernen. Vor fünfzig, ja noch vor zwanzig Jahren, war der Glaube an die Reinkarnation im Westen noch auf relativ wenige Menschen beschränkt. Nun aber verbreitet sich der Glaube an die Reinkarnation mit Windeseile, denn die Fakten, die dafür sprechen, sind überwältigend, und sie sind – wie Sie noch in diesem Buch erfahren werden – nicht mehr anzuzweifeln.

In dem nun folgenden dritten Teil dieses Buches komme ich auf jene Beweise zurück, die sich durch Rückführungen in frühere Leben ergaben. Da ich schon über Tausende von Berichten über die früheren Leben meiner von mir in Einzel- oder Gruppenrückführungen Zurückgeführten angehört habe, bin ich, wie man so schön sagt, zu einem Experten auf diesem Gebiet geworden, und ich freue mich darauf, Ihnen im nächsten Teil mehr darüber sagen zu dürfen.

III.

Beweise für die Reinkarnation durch Rückführungen

Der Zahnarzt, dem es kalt den Rücken hinunterlief

Schon mehrfach sind in den Beispielen des vorausgehenden Teiles hypnotische Rückführungen erwähnt worden, denen sich solche Menschen unterzogen haben, die ein Déjà-vu-Erlebnis oder einen Traum über ein früheres Leben hatten und die nun weiter nachforschen wollten, einmal, um herauszufinden, ob das Geschaute oder Geträumte wirklich wahr war, oder aber, um zu erfahren, was sich sonst noch alles in jenem Leben zugetragen haben mochte. Denn im Trancezustand kommen wir an unser Unterbewußtsein heran, in welchem alles aufgezeichnet ist, was wir wo auch immer erlebt haben, und sei es vor Tausenden von Jahren gewesen. Denn alles, was wir je erlebt haben, ist in dem Supergedächtnis (ähnlich einer Computerfestplatte) unserer rechten Gehirnhälfte gespeichert.

Als erstes Beispiel für diesen Teil des Buches möchte ich ein Erlebnis wiedergeben, das der Zahnarzt Dr. Bruce Goldberg ziemlich zu Anfang seiner Karriere als Rückführungstherapeut erleben durfte. Ich hatte Bruce im Oktober 1996 in seinem Haus nördlich von Los Angeles aufgesucht. Wir tauschten unsere Erfahrungen auf dem Gebiet der Rückführungstherapie aus. Er ist inzwischen zu einem der meistgefragten Autoren und Fernsehgäste auf dem Gebiet der Reinkarnation und der Rückführungen in Amerika geworden. Er dürfte auf dem Gebiet der tranceinduzierten Rückführungen der im Augenblick wohl engagierteste Forscher sein. Wir hatten uns über drei Stunden lang unterhalten. Und er stellte mir sein neues Modell vor, wie wir noch in diesem Leben unseren Reinkarnationszyklus abschließen könnten. Ich kam auch auf den Namen 'Thayer' zu sprechen, der gleich in dem wiederzugebenden Bericht eine große Rolle spielen wird, und ich, der ich mittelalterliche Geschichte und die althochdeutsche Sprache studiert hatte, sagte, daß es meines Wissens diesen Namen in Bayern im zwölften Jahrhundert nicht gegeben haben könne. Könnte dieser Name nicht z. B. 'Theuer' oder 'Deuer' heißen. Und Bruce sprach den Namen so aus, wie er ihn noch von seinem Klienten in Erinnerung hatte. Denn die amerikanische Aussprache europäischer Namen samt ihrer schriftlichen Wiedergabe ist oft von dem Orginalnamen sehr verschieden. Deshalb werde ich den gleich zu beschreibenden Lehrling 'Theuer' nennen.

Anfang der siebziger Jahre kam ein etwa vierzigjähriger Mann in die Hypnosepraxis von Dr. Bruce Goldberg in Baltimore. Letzterer war Zahnarzt und hatte die Hypnose erlernt, um gewisse Patienten auch ohne Betäubungsmittel schmerzfrei behandeln zu können. Er hatte dann über tranceinduzierte Rückführungen gelesen und probierte sie mit großem Erfolg selbst aus. Durch Fernsehauftritte, in welchen er solche Rückführungen demonstrierte, wurde er schnell bekannt. Diesem Mann, der nun zu ihm gekommen war, gab er in seinem Buch »*Past Lives – Future Lives*«[23] den Namen Arnold, um dessen Anonymität zu schützen. Arnold war Handelsvertreter einer Gerätefirma. Sein Hauptproblem, weshalb er zu einer Reinkarnationstherapie gekommen war, bestand darin, daß er sich bei seinen Verkaufsgesprächen unsicher fühlte und damit Gefahr lief, seinen Job zu verlieren, wenn er nicht die Mindestumsätze einbringen konnte. Er berichtete auf Dr. Goldbergs gezielte Fragen hin, daß er sich immer schon von seinen Verwandten, Bekannten und Freunden habe dominieren und ausnutzen lassen, worunter er selbst leide. Dr. Goldberg versetzte Arnold in Trance und führte ihn zu der Ursache seiner Problematik zurück, die sich nun in einem früheren Leben aufdecken ließ. Ich fasse in der Ich-Form die Aussagen jenes Mannes zusammen, während sich Dr. Goldberg im Dialog mit ihm unterhielt, bzw. ihm Fragen stellte.

»Ich liege unter dem Tisch ... Dort esse ich ... Ich bin dort angekettet an Händen und Füßen ... Mein Meister hat mich angekettet ... Ich bin sein Lehrling. Er ist Gold- und Silberschmied. ... Er heißt Meister Gustav ... Ich heiße Theuer. Ich wohne in einer kleineren Stadt in Bayern. ... Es ist das Jahr 1132.... Nach Werkstattschluß kettet er mich immer unter dem Tisch an, damit ich nicht weglaufe ... Er haßt mich. Er schlägt mich mit einer Peitsche. Ich fürchte mich vor ihm. Er empfindet Genugtuung darin, mich zu erniedrigen und mir weh zu tun. Er mißbraucht mich auch sexuell ... Ein vornehmes Fräulein mit dem Namen Klothilde kommt öfter in die Werkstatt und bestellt Schmuck für die Familie. Sie scheint Interesse an mir zu bekunden, denn sie fragt immer nach mir. Doch Meister Gustav sagt ihr, ich sei ein Nichtsnutz. Sobald sie gegangen ist, schlägt er mich wieder ... Jetzt kommt sie zu meinem Meister und bittet ihn, mich in ihr Haus kommen zu lassen, um dort an Ort und Stelle etwas zu reparieren.

Doch Meister Gustav sagt ihr, daß man mir nicht trauen könne. Ich bin wütend ... Ich bin jetzt schon größer und stärker geworden. Und als er mich wieder an den Tisch ketten will, leiste ich zum ersten Mal Widerstand. Ich habe solche Wut, daß ich ihn am liebsten umbringen möchte. Ich ergreife ein Werkzeug, um ihn zu erschlagen. Wir ringen miteinander. Ich versuche, ihm die Kehle zuzudrücken. Doch er lacht nur über mich. Jetzt stößt er mich von sich und ergreift ein großes Messer. Er stößt es mir mehrere Male in den Bauch ... Ich schwebe auf einmal über meinem Körper. Ich habe keine Schmerzen mehr ...«

Eineinhalb Jahre nach dieser Rückführung mit Arnold kommt ein Rechtsanwalt in die Praxis von Dr. Goldberg. Dieser wird in seinem Buch Brian genannt. Brian möchte einfach mal eine Rückführungserfahrung machen. Er habe über Rückführungen so viel gehört und sei deshalb neugierig geworden. Er ist, wie Dr. Goldberg erfährt, ein sehr erfolgreicher Rechtanwalt. Ihm will einfach alles gelingen, scheine er doch die Gabe zu haben, Leute um den Finger wickeln zu können. Außerdem, wie er nun eingestand, habe er ein Problem. Er leide unter Schlaflosigkeit, denn es plage ihn das schlechte Gewissen, Leute schamlos für seine Zwecke ausgenutzt zu haben. Nach seinen Hobbies befragt, sagte er, daß er eine leidenschaftliche Sammlerpassion für Gold- und Silberschmiedestücke habe.

Nachdem der Rückführungstherapeut seinen Klienten in Trance versetzt hatte, durchforschte er, ob dieser in der Vergangenheit seines heutigen Lebens eine Hauptursache für sein heutiges Problem finden könnte. Als dieses 'Scanning' (Durchforschen) des jetzigen Lebens nur Nebenursachen, aber keine Hauptursache aufdeckte, ließ Dr. Goldberg seinen Klienten in ein früheres Leben hineingehen, in welchem die Hauptursache für sein heutiges Problem zu finden sei. Auf einmal sah dieser sich in einem früheren Leben. Auf die jeweiligen Zwischenfragen eingehend, berichtete Brian folgendes, das ich in der Ich-Form zusammenfassen möchte.

»Ich arbeite in einer Werkstatt. Ich bin ein Gold- und Silberschmied und ein sehr guter dazu. Ich heiße Gustav. Ich lebe in Bayern. Ich befinde mich im Jahre 1130 ...« Dr. Goldberg glaubte, seinen Ohren nicht trauen zu dürfen. Er hatte doch schon von jenem Goldschmied in Bayern gehört. Wer hatte ihm denn darüber schon mal berichtet? Denn in der Zwischenzeit waren so viele Klienten in seine Praxis gekommen, die ihre früheren Leben aufgedeckt haben wollten. Wer war nur jener Klient, der ihm über einen Goldschmied berichtet hatte? »Nein, ich bin unverheiratet. Es sind zwei Päpste gewählt worden. Ein jeder redet darüber.« (Wie Dr. Goldberg feststellte, sind wirklich 1130 zwei sich befehdende Päpste gewählt worden.)

Und nun stellte der Rückführungstherapeut dem in Trance Befindlichen die Frage: »Wen haben Sie denn in Ihrem Leben am meisten gehaßt?« »Meinen Lehrling Theuer. Er ist ein Nichtsnutz ...« Hier lief es Dr. Goldberg auf einmal kalt den Rücken hinunter. Er konnte sich jetzt wieder gut an jenen Vertreter Arnold erinnern, der von seinem Goldschmiedemeister Gustav erstochen worden war. Sollte es wirklich sein, daß er jetzt zufällig dessen Mörder vor sich auf der Couch liegen hatte? Ja, es konnte nicht anders sein. Und jener Goldschmied, auf Dr. Goldbergs Frage, warum er seinen Lehrling hasse, antwortete: »Ich hasse ihn einfach. Ich scheine eine Befriedigung darin zu finden, ihn zu quälen.«[24] Die Stimme dieses Mannes war viel tiefer als jene, mit der Brian gesprochen hatte. Auch redete er schneller. Seine Denkart war grausam, gemein, sadistisch, denn er fuhr fort: »Ich bin viel zu gut zu diesem Burschen ... Natürlich bezieht er Schläge von mir. Er verdient es auch nicht anders ... Mein Geschäft blüht dank meiner Fähigkeiten, aber nicht dank dieses Nichtsnutzes. Er ist immer in Gedanken bei diesem verdammten Fräulein ... Klothilde heißt sie ... Sie ist die Tochter aus vornehmer Familie. Und dieser Nichtsnutz bildet sich ein, sie könne sich für ihn, einen gewöhnlichen Menschen, interessieren. Außerdem ist er mein Besitz.« (Offenbar ist Gustav in seiner Berichterstattung zwei Jahre weiter vorangegangen.) »Und diese Klothilde hat die Dreistigkeit, mich zu fragen, ob sie Theuer mit sich nach Hause nehmen könne, damit er ihr dort etwas repariere. Warum bittet sie nicht mich? Ich bin doch der Meister, und der beste obendrein ... Als sie gegangen war, nahm ich mir vor, diesem Burschen die größte Tracht Prügel seines Lebens zu geben. Ich will ihn jetzt wieder anketten. Aber dieser Unverschämte leistet auf einmal Widerstand. Er wirft sich auf mich und schmeißt mich zu Boden. Ich lache über seine vergeblichen Versuche, mich zu verletzen. Ich schlage ihn. Er umklammert meinen Hals. In meiner Wut werfe ich ihn gegen die Wand. Jetzt packe ich mein Messer und steche es ihm in den Bauch.«

Was, verehrte Leserin und verehrter Leser, sagen Sie dazu? Stellen Sie sich einmal vor, Dr. Goldberg gewesen zu sein, der auf einmal solch eine Bestätigung über dieselben Vorgänge und Personen von zwei verschiedenen Menschen erhält. Wäre Ihnen nicht auch ein Schauer über den Rücken gelaufen? Dr. Goldberg ist fest davon überzeugt, daß Brian und Arnold sich nicht von irgendwoher in diesem Leben kennen oder von einander gehört haben. Wie er meint, war es natürlich kein Zufall, daß er in seiner Praxis die Synchronizität dieser Ereignisse von zwei verschiedenen Seiten berichtet bekam. Denn wenn man diese Doppelbestätigung eines im Mittelalter geschehenen Vorgangs von zwei beteiligten Personen nach dem Zufallsprinzip errechnen würde, ergäbe sich ein Verhältnis von eins zu ein paar Milliarden. Jeglichen Betrug schloß er aus. Handelte es sich dabei um ein abgekartetes Spiel, hätte man dieses schon längst zu seinem Schaden aufgedeckt.

Doch Dr. Goldberg wollte auch nicht Gott spielen und die beiden Männer miteinander bekannt machen. Denn wie er meint, sollten diese beiden früheren Kontrahenten sich in diesem Leben treffen, dann würde man von höherer Seite eine solche Begegnung arrangieren. Übrigens hatte Arnold ihm damals noch während der Rückführung mitgeteilt, daß Klothilde in seinem heutigen Leben seine Schwägerin sei, mit welcher er sich von allen Menschen am besten verstehe. Nach Gustav befragt, antwortete er, daß er diesen nicht in seinem heutigen Leben entdecken könne.

Beweise über frühere Leben durch Gruppenrückführungen

Gern besucht sind meine Gruppenrückführungen, die ich jetzt schon seit Mitte der achtziger Jahre im In- und Ausland durchführe. Die Teilnehmer bringen, so nicht vorhanden, Decken und Kopfkissen mit. Nach einer Einführung wird das Thema gegeben, das in der nun folgenden Rückführung behandelt wird, ein Thema, das natürlich für alle zutreffend ist. Solche Themen können heißen: »Mein schönstes früheres Leben«, »Mein spirituellstes früheres Leben«, »Mein äußerlich bedeutendstes früheres

Leben«, »Mein dem jetzigen vorausgegangenes früheres Leben«, »Mein schönstes Leben im anderen Geschlecht« usw. Es gibt eine ganze Reihe von solchen Themen, die auf alle Teilnehmer zutreffen. Bei solch einer Rückführung, die etwa eine Stunde dauert, erleben siebzig bis neunzig Prozent der Teilnehmenden ihre früheren Leben. Jeder erlebt sie für sich. Erst nach Beendigung der Rückführung wird in der Gruppe mitgeteilt, was von jedem erlebt worden ist. In Gruppenrückführungen verwende ich, anders als in Einzelrückführungen, keine Hypnose, sondern mache von einer Count-Down-Entspannungsmethode Gebrauch, die ebenfalls den erwünschten Alphazustand beim Teilnehmer herstellt, um das, was im Unterbewußtsein der rechten Gehirnhälfte aus früheren Leben gespeichert ist, auf den inneren Monitor zu projizieren. Wenn ein sehr tiefer Alphazustand erzielt worden ist, erfährt man die Erlebnisse aus früheren Leben, wie man die Ereignisse im heutigen Leben erlebt. Alle Sinnesempfindungen werden simultan erlebt zusätzlich der Gefühle. Es ist wirklich ein großes Erlebnis, so eine Gruppen- oder Einzelrückführung mal erlebt zu haben. Wer sich dafür interessieren sollte, den verweise ich auf mein Buch »*Entdecke Deine früheren Leben*« und auf den Veranstaltungskalender über meine Seminare.[25] In Gruppenrückführungen, anders als in Rückführungstherapien, gehen wir nie in traumatische Erlebnisse hinein, so daß zum einen keine nachträglichen Aufarbeitungen anstehen und zum anderen gewährleistet wird, daß solch eine Gruppenrückführung ohne Störungen abläuft. Denn sollten Teilnehmer traumatische Erlebnisse wiedererleben, könnten sie zu zetern und schreien anfangen und die anderen aus ihren früheren Leben sofort in ihr heutiges zurückkehren lassen.

Während einer solchen Gruppenrückführung in der sächsischen Stadt Halle, in welcher das Thema »Ein schönes Leben im anderen Geschlecht« lautete, erlebte sich ein Journalist einer der größten deutschen Zeitungen als die eigene Großmutter, die in ihrem zweiundzwanzigsten Lebensjahr verstorben war. Er erlebte alles so plastisch und real, daß diese Rückführung für ihn ein großes Erlebnis war. Er hatte eigentlich überhaupt nichts über seine Großmutter gewußt, außer daß sie früh verstorben war. Doch lebte deren Schwester noch, die er über das Geschehene und Erlebte befragen konnte. Diese war verwundert darüber, woher er all diese Einzelheiten aus der Kindheit, Jugend und Ehe ihrer Schwester wissen konnte. Sie mußte all das von ihm Berichtete bestätigen. Er beschrieb ihr zum Beispiel genau die Nähmaschine, die die Großmutter benutzt hatte, denn diese hatte ein besonderes Muster oberhalb des Tretmechanismus. Diese Nähmaschine befand sich nicht im Familienbesitz, so daß dieser Journalist sie auch nicht schon gesehen haben konnte. Für ihn war dieses Erlebnis ein Beweis für die Reinkarnation.

Bei einer Gruppenrückführung in ein spirituelles Leben berichtete eine Frau in der Schweiz, daß sie sich als Benediktinermönch in Italien vor etwa fünfhundert Jahren gesehen hätte. Und jener ihr fremde Mann, der auf der Matte neben ihr lag, sei, wie sie sagte, ebenfalls dort ein Mönch mit dem Namen Domenico gewesen. Worauf es diesem entfuhr: »Jawohl, ich habe mich auch in jenem Kloster gesehen. Du warst der Abt.« Beide saßen nach dem Seminar noch lange zusammen und beschrieben sich gegenseitig, was sie an Einzelheiten alles in jenem Kloster gesehen und erlebt hatten. Im folgenden Jahr fuhren beide nach Italien, um jenes Kloster zu finden, aber an jenem Ort sagte man ihnen, daß dieses schon vor sehr langer Zeit niedergerissen worden sei. Übrigens leben nun jene beiden ehemaligen Mönche schon seit Jahren als Lebenspartner zusammen.

Ich habe schon öfter erlebt, daß Seminarteilnehmer in Rückführungen erfahren, daß jemand anderes aus dem Seminar ebenfalls im selben früheren Leben mit ihnen gelebt hat. So fügen sich oft wieder Freundschaften oder aber auch Partnerschaften zusammen, die eventuell einige Jahrhunderte brachgelegen haben und nun wieder aktualisiert werden. Aus einem Rückführungsseminar hatten sich einmal drei Ehen ergeben. Eine dieser Frauen ist in diesem Leben eine Opernsängerin. Aus terminlichen Gründen konnte ich leider der Einladung zur Hochzeitsfeier nicht nachkommen.

Zwei Freundinnen in einem meiner Seminare hatten sich vor fünfundzwanzig Jahren getroffen und sofort Freundschaft geschlossen. Seitdem rufen sie sich täglich an, und oft geschieht es, daß die eine an einem Tag zur gleichen Uhrzeit genau das Gleiche kauft wie die andere, obwohl sie dreihundert Kilometer auseinander wohnen. Nie hatte es irgendeinen Disput zwischen ihnen gegeben oder Eifersüchteleien bei Begegnungen mit Männern. Beide gehen oft engumschlungen spazieren, haben aber kein lesbisches Verhältnis. Beide sind inzwischen verheiratet. In meinem Seminar stellte sich zur Verblüffung beider heraus, daß unabhängig voneinander sich jede von beiden als ein Ritter des Hochmittelalters sah. Jede von beiden sah in gleicher Ritterausrüstung den Zwillingsbruder vor sich. Sie berichteten über die gleichen Erlebnisse mit dem jeweiligen Zwillingsbruder, und beide erfuhren in der Rückführung, daß die heutige Freundin dieser frühere Zwillingsbruder war. Der einen Frau wurde schon am Tag vor dem Wochenendseminar von ihrem Geistführer ein Stab mit einem Kreuz übergeben, und ihr wurde dabei gesagt, daß sie bald erfahren werde, was es mit diesem Stab auf sich habe. Diesen, wie sie nun berichtete, hatte sie in der Rückführung als jener Ritter in der Hand gehalten.

Beliebt in meinen Gruppenrückführungen ist es, sich eine Person aus dem Verwandten- oder Bekanntenkreis auszusuchen, um dann zu sehen, in welchen Leben man mit dieser Person schon zusammen gelebt hat. Jeder sucht sich also eine Person 'A' aus. Eine junge Frau nahm nun ihre abwesende Mutter als Person 'A'. Sie erlebte drei Leben mit dieser. Nach dem Seminar nach Hause zurückgekehrt, erzählte sie ihrer Mutter nichts über das im Seminar Erlebte außer der Erklärung, daß sie diese in drei verschiedenen Leben gesehen habe. Sie forderte sie nun auf, ebenfalls ein Rückführungsseminar mit Trutz Hardo zu besuchen und als Person 'A' sie zu wählen. Anschließend wollten sie sehen, ob sie in die gleichen Leben gekommen seien. Die Mutter nahm nun an dem nächsten Gruppenrückführungsseminar ebenfalls in Berlin teil. Wie diese junge Frau mir später am Telefon mitteilte, sei die Mutter in zwei derselben früheren Leben gekommen, so daß sich von den Personen und Situationen her alles folgerichtig ergänzt habe. Sie hätten auch unabhängig voneinander Skizzen ihrer Häuser und der Inneneinrichtungen angefertigt und sie später miteinander verglichen. Sie stimmten ebenfalls überein. Für beide war dies ein überzeugender Beweis für die Reinkarnation.

Einmal ist mir während eines Seminars in München selbst ein Schauer über den Rücken gelaufen. Ein Ehepaar hatte sich, ohne es vorher verabredet zu haben, als Person 'A' jeweils seinen Partner ausgesucht. Als beim Sharing (Mitteilen) des soeben in der Gruppenrückführung Erlebten der Ehemann über das von ihm Erlebte berichtete, sagte er, daß er als Person 'A' seine Frau ausgesucht habe. Sie sei in jenem früheren Leben seine Mutter gewesen. Sie hätten in einem Dorf bei Nürnberg im Jahre 1845 gelebt. Der Vater sei verstorben gewesen. Er war ihr einziges Kind und hieß Karl. Zweimal in der Woche seien sie zum Nürnberger Wochenmarkt gegangen und hätten dort Obst und Feldfrüchte verkauft. Und auf einmal schreit seine neben ihm sitzende Frau auf: »Hör auf, hör auf, ich habe das Gleiche gesehen. Du warst mein Karlchen!« Nachdem ihre Emotionen wieder etwas abgeflaut waren, berichtete sie ausführlich, was sie alles als die Mutter ihres Sohnes Karl damals erlebt hatte. Sie konnte nun alles, was ihr Ehemann über jenes frühere Leben wiedergegeben hatte, bestätigen.

Wäre es Ihnen nicht ebenfalls kalt über den Rücken gelaufen, wenn Sie bei diesem Seminar dabeigewesen wären? Aber noch ein Erlebnis von den vielen darf ich Ihnen nicht vorenthalten. In einem Rückführungsseminar, bei dem wir unter anderem in das dem heutigen vorausgegangene Leben zurückgingen, erlebte sich eine Frau als englischer Fliegerpilot, der beim Bombenabwurf im Zweiten Weltkrieg über Berlin abgeschossen worden war. Sie erzählte den Teilnehmern im Detail das Erlebte. Und dann sagte sie: »Mein Name war Phillip Morris.« Ich dachte: »So ein Blödsinn. Sie war nicht tief genug im Alphazustand und hat sich etwas zusammengereimt.« Ein jeder im Seminar dachte wohl ähnliches, denn dieser Name war der einer bekannten Zigarettenmarke. Doch jene Frau beharrte darauf, daß sie wirklich so geheißen hätte. Sie sei sich dessen ganz sicher. Sie wisse sogar das Geburts- und das Sterbedatum. Einige Monate später machte sie mit ihrem Mann einen Spaziergang an der Berliner Havel entlang. Bei der Rückkehr kamen sie am englischen Soldatenfriedhof an der Heerstraße vorbei. Sie sagte zu ihrem Mann: »Du, ich habe das Gefühl, daß mein Körper hier begraben liegen muß. Laß uns doch mal nachschauen. Vielleicht entdecken wir ja etwas.« Am Eingang jenes Friedhofes liegt eine Liste aller jener britischen Soldaten aus, die dort während des Zweiten Weltkrieges beigesetzt worden sind. Und dann entdeckte sie den Namen Phillip Morris, und zwar genau mit dem Sterbedatum, das sie in der Rückführung erfahren hatte.

Wer nicht an einer Gruppenrückführung oder Einzelrückführung teilnehmen kann oder darüber hinaus noch viel mehr über seine verschiedenen Leben erfahren möchte, dem empfehle ich, sich Kassetten oder CDs zu besorgen, mit denen man gefahrlos in der Lage ist, im Selbstverfahren seine früheren Leben aufzusuchen.[26]

Eine Psychologin beweist die Tatsache der Reinkarnation

Sind denn alle Rückerinnerungen der Teilnehmer in einem Gruppenrückführungsseminar wirkliche Begebenheiten aus früheren Leben? Wird da nicht von den einzelnen viel hinzugedichtet? Heißt es nicht daß viele sich als jemand Großes in der Vergangenheit der Geschichte sehen? Ist nicht jeder Dritte irgendeine Nofretete oder Kleopatra, ein Julius Caesar, ein Alexander der Große, ein Napoleon, eine Kaiserin Sissi und dergleichen mehr? In den Vereinigten Staaten gab es eine Psychologin, die wissenschaftlich herausfinden wollte, ob denn an solchen Rückführungen in frühere Leben irgend etwas Wahrhaftes daran sei, oder ob sie beweisen könnte, daß all jene Erlebnisse aus sogenannten früheren Leben nur Wunschvorstellungen oder Hirngespinste sind, die das Bewußtsein oder Unterbewußtsein uns vorgaukeln und die wir nur irrtümlich für etwas wirklich Erlebtes aus früheren Zeiten halten. Diese Professorin, die an der Berkeley Universität von Kalifornien lehrte, heißt Helen Wambach. Ich suchte sie 1981 in ihren Arbeitsräumen, in den hinteren Bergen von Oakland gelegen, auf, mit der Bitte, mich in eines meiner früheren Leben zu versetzen, da ich ein solches noch nie erlebt hatte. Ich hatte schon eine Anzahl von Büchern über Rückführungen gelesen, aber noch fehlte mir das Erlebnis selbst.

In dieser meiner ersten Rückführung sah ich mich als eine etwa zwanzigjährige Frau mit langen, dunklen Haaren in einem rosa Kleid. Ich schaute voller Trauer aus dem Fenster einer kleineren Burg. Vor mir breitete sich ein etwas verwilderter parkähnlicher Garten aus. Dann erblickte ich mich am Mittagstisch. Mir gegenüber saß meine Stiefmutter, die noch keine vierzig Jahre alt sein mochte. Ich fühlte die Kälte, die von ihr zu mir herüberkam. Zu meiner Rechten saß der Bruder meines Vaters. Er hielt eine Lammkeule oder dergleichen in seiner linken Hand, und das Fett troff den Arm hinunter. Er schmatzte und fraß im wahrsten Sinne des Wortes. Ein Schauder von Ekel und Angewidertsein fuhr durch mich hindurch. Am Kopfende des Tisches neben meinem Onkel saß mein Vater. Zu ihm spürte ich eine tiefe Wärme der Verbundeneit und des Vertrauens. Er schien mein einziger Trost in jenem Leben zu sein.

Nachdem ich aus jenem Leben – ich erhielt als Datum das Jahr 1204 und als Land Frankreich – zurückgekehrt war, besprachen wir das von mir Erlebte. Ich war von den Bildern, aber noch mehr von der Intensität der Gefühle sehr überrascht. Denn wenn ich mich sonst an Ereignisse aus diesem Leben zurückerinnere, sehe ich wohl noch innere Bilder, aber diese führen in ihrem Gefolge im allgemeinen keine Gefühle mit sich. Es war für mich ein völlig neues Erleben von Vergangenem. Alles war so plastisch, nah, bekannt und ganz anders als in einem Film. Trotzdem war es für mich noch kein Beweis. Helen lud mich anschließend zum Essen in einem Restaurant ein und erklärte mir vieles über ihre Methoden, wie sie die Reinkarnation beweisen könne.

Sie meinte, man könne die Richtigkeit des in Rückführungen Erlebten nur statistisch beweisen. Eine Einzelrückführung mag für den Zurückgeführten Beweis genug sein, aber als objektiver Beweis mag sie in vielem anzuzweifeln sein. Doch wenn sie tausend Leute zurückführen würde und spezifische Fragen zu ihrer Zeit und Welt, in der sie damals lebten, stellen würde, dann müßten doch übereinstimmende Faktoren zu Tage treten, die bei allen gleich sein müßten. Sie habe für ihre Beweisführung 1088 Versuchspersonen in deren verschiedene frühere Leben zurückgeführt und sie dann gefragt nach Alter, Geschlecht, Rasse, Beruf, Bekleidung, Land, aber auch nach solchen Dingen wie: »Schau dir einmal das Geld an. Wie sieht es aus?« oder »Mit welchem Besteck ißt du?«

Obwohl sich nach einer Allgemeinumfrage in den USA damals der überwiegende Teil der weißen Bevölkerung gewünscht hatte, als ein weißer Mann geboren zu sein, ergab es sich doch aus der statistischen Erhebung ihrer Zurückgeführten, daß die Geschlechteraufteilung durch die Geschichte hindurch mit wenigen Schwankungen 50:50 war bei einem leichten Übergewicht von 0,3–0,6 Prozent für Männerleben. Und diese Resultate ergaben sich auch bei jenen Rückführungen, in denen die Versuchspersonen manchmal zu über fünfundsiebzig Prozent aus Frauen bestanden. Wenn also bei solchen Rückführungen das Wunschprinzip mitwirken würde, dann müßten sich die meisten der amerikanischen Versuchspersonen in früheren Leben als weiße Männer erblicken. Aber nein, sie waren meist ganz einfache Leute und oft von ganz unterschiedlicher Hautfarbe. Bei diesen 1088 Versuchspersonen, von denen alle eine ganze Reihe früherer Leben wiedererlebten – also im ganzen etwa 10 000 Leben –, erblickte sich nur eine Person als eine bekannte Person der Geschichte, ein anderer war ein unbekannter König, es gab einige Hohepriester, doch alle übrigen Leben offenbarten in ihren jeweiligen Zeiten der Geschichte ein normales Verhältnis zwischen der Ober–, der Mittel- und der Unterschicht, und zwar in der gleichen Relation, wie sie jene Statistiken aufweisen, die Wirtschafts- und Kulturhistoriker aufgestellt hatten. So gehören etwa 75 Prozent der historischen Weltbevölkerung der Unterschicht an. Sie sind Bauern, Arbeiter, Fischer, Soldaten, Bettler und dergleichen. Etwa 20 Prozent sind der mittleren Schicht der Bevölkerung zuzurechnen, also Handwerker und Händler, während zur Oberschicht alle jene zählen, die aufgrund von Macht, Land oder Vermögen nicht zu arbeiten brauchten. Letztere machen etwa fünf Prozent der Bevölkerung aus. Genau in diesem Proportionsgefälle jedoch ergab sich die Zuordnung der Bevölkerungseinteilung bei den wiedererlebten früheren Leben. Also nichts ist es mit jenen vielen Kleopatras, Caesars, Napoleons und dergleichen. Dies kann ich nur bestätigen, nachdem ich mir über zehntausend Berichte von meinen Seminarteilnehmern über ihre Erlebnisse in früheren Leben angehört habe.

Unter den vielen Fragen, die Helen Wambach ihren Versuchspersonen stellte, war auch diejenige nach dem Geld ihrer Zeit. Zum Beispiel hatten jene, die zwischen dem 4. Jahrhundert v. Chr. und dem Jahre 40 n. Chr. gelebt hatten, Münzen gesehen, die ein Loch in ihrer Mitte hatten und quadratisch geformt waren. Niemand von den Zurückgeführten wußte, daß zu jener Zeit gerade solche Münzarten in Umlauf waren. Nach ihren Bekleidungsstücken befragt, nannten sie genau jene Kleidungstücke, die zu jener Zeit getragen worden waren. Niemand erwähnte vor dem Jahre 1200 n. Chr., eine Hose getragen zu haben, denn diese kam erst zu dieser Zeit allmählich in Mode. So erwähnte auch niemand, der sich in einem Leben vor dem 15. Jahrhundert n. Chr. befunden hatte, daß er mit einer Gabel aß. In den drei Jahrhunderten danach war nur eine dreizinkige Gabel in Europa im Gebrauch. Auch hierin gab es nie einen Widerspruch zu der historischen Übereinstimmung. Und niemand erwähnte – man höre und staune! – eine vierzinkige Gabel vor dem Jahre 1790. Diese mit der Historie übereinstimmenden Fakten konnten den Zurückgeführten überhaupt nicht bekannt sein. Oder hätten Sie gewußt, wann zum erstenmal eine dreizinkige und wann eine vierzinkige Gabel in Eurapa aufgetaucht ist? [27]

Für viele Menschen, die sich mit der Reinkarnation beschäftigten, waren die Untersuchungen von Professor Helen Wambach die überzeugendsten Beweise für die Reinkarnation. Aber, wie wir im weiteren zeigen werden, sollten noch überzeugendere Beweise geliefert werden.

Hatten wir uns in den beiden vorangegangenen Kapiteln mit der Gruppenrückführung beschäftigt, so wollen wir uns jetzt wieder den Einzelrückführungen zuwenden. Beginnen möchte ich mit jenem Fall, der in den fünfziger Jahren des zwanzigsten Jahrhunderts in den Vereinigten Staaten von Amerika für größte Furore gesorgt und den Blick der Öffentlichkeit auf die Reinkarnation gelenkt hat.

Bridey Murphy versetzt die Gemüter Amerikas in Aufruhr

Der Amateurhypnotiseur Morey Bernstein aus Pueblo im Staate Colorado hypnotisierte am 29. November 1952 bei sich zu Hause eine neunundzwanzigjährige Frau namens Virginia Tighe Morrow in Anwesenheit ihres Ehemannes. Bernstein hatte noch nie vorher jemanden in ein früheres Leben zurückgeführt, hielt aber Virginia nach einer Partyhypnose für eine ausgezeichnete Versuchsperson, um dieses Experiment zu versuchen. Er führte sie über die Kindheit und den Fötalzustand immer weiter zurück: *»Gehe immer weiter zurück, zurück, zurück, bis du eine Landschaft siehst, einen anderen Ort in einer anderen Zeit erlebst ... Nun berichte mir, welche Bilder du siehst.«* Bernstein und Virginias Ehemann waren gespannt, was wohl von ihr geschildert werden würde. Nach einer langen Pause bewegten sich die Lippen von Virginia, und in einem irischen Englisch sagte sie:

> Ach, ich kratze die Farbe von meinem Bett. Es war gerade erst gestrichen und sie haben es schön gemacht. Es ist ein Metallbett. Und ich kratze die Farbe wieder weg. Meine Fingernägel haben schon beide Bettpfosten ruiniert. Es sieht schlimm aus.
> Bernstein: *Warum hast du das gemacht?*
> Antwort: Weiß nicht. Ich war verrückt. Ich wurde dafür auch verhauen.

Bernstein: *Wie heißt du?*
Antwort: Bridey.
Bernstein: *Hast du noch einen anderen Namen?*
Antwort: Bridey Murphy.
Bernstein: *Und wo wohnst du?*
Antwort: Ich wohne in Cork.
Bernstein: *Und wie heißt deine Mutter?*
Antwort: Kathleen.
Bernstein: *Und wie heißt dein Vater?*
Antwort: Duncan ... Duncan ... Murphey.
Bernstein: *Wie alt bist du?*
Antwort: Vier ... vier Jahre alt.

So begann die erste von sechs Sitzungen, die Amerika in Aufruhr bringen sollte. Virginia (in seinem Buch gibt Bernstein ihr das Pseudonym Ruth Simmons) gibt an, am 20. Dezember 1798 als Bridget Kathleen Murphy geboren worden zu sein. Ihr Vater sei ein Rechtsanwalt gewesen und sie hätten außerhalb Corks in »The Meadows« (in den Wiesen) gelebt. Sie nannte den Namen ihrer Lehrerin und erzählte, wie sie mit zwanzig Jahren einen Katholiken, Sean MacCarthy geheiratet habe, mit dem sie nach Belfast gezogen sei, wo er sich ebenfalls als Rechtsanwalt niedergelassen habe. Ihre Ehe sei kinderlos geblieben und sie sei 1864 gestorben, nachdem sie die Treppe hinuntergestürzt war. Sie berichtete über viele Einzelheiten aus ihrer Jugend und dem Leben in Belfast, wie sie auch exakte Beschreibungen von Örtlichkeiten, Nachbarn, Straßen usw. gab.

Sie begann auf einmal nach Aufforderung, alte irische Lieder zu singen, die damals in Mode waren. Was so faszinierte, war die Tatsache, daß Virginia nie in Irland war, noch irgendwelche Bücher über Irland gelesen hatte, was auch auf Morey Bernstein zutraf.

In drei Folgen berichtete die *Denver Post*, eine größere Zeitung, über diesen Fall, der viele ihrer Leser in Erstaunen versetzte. Denn bisher hatte man in der Öffentlichkeit noch nichts über Rückführungsmöglichkeiten in frühere Leben gehört. Ein großer Verlag stachelte Morey Bernstein nun an, ein ganzes Buch über diese sechs Sitzungen zu schreiben. Am 1. Januar 1956 erschien es – und verursachte eine große Sensation. Es wurde zu einem Bestseller. Die Denver Post sandte ihren Reporter William J. Barker nach Irland, wo er mit Hilfe von lokalen Bibliothekaren und Historikern viele der Angaben bestätigen konnte. Zum Beispiel hatte Virginia zwei Lebensmittelläden mit den Namen ihrer Eigentümer William Farr und John Carrigan erwähnt, die man nachweisen konnte. Ebenfalls aus einer alten Karte ersichtlich, bestätigte sich der Vorort »The Meadows« als richtig. Ein Platz, den sie als 'Mourne' bezeichnet hatte, konnte auf keiner Karte gefunden werden. Erst ein Historiker fand auf einer alten Karte jener Zeit diesen Namen. Sie hatte angegeben, daß ihr Schwiegervater John MacCarthy Rechtsanwalt in Cork gewesen sei. Auch das konnte als richtig nachgewiesen werden. Diese Person, die sich in Trance Bridey Murphy nannte, beschrieb die irischen Gebräuche jener Zeit. Bei der Hochzeit wurde der Braut Geld in die Taschen gesteckt. Sie erwähnte, daß sie den Blarney Stein geküßt habe, ein alter heidnischer Volksbrauch, der in diesem Jahrhundert nicht mehr üblich ist. Mehrere Wissenschaftler, die sie als Schwindlerin diskreditieren wollten, ließen sich darüber aus, daß sie das alles einfach erfunden habe. Doch späterhin mußte sich einer von diesen, es war der Bibliothekar Dermot Foley, deswegen entschuldigen, denn er fand in einem alten Buch tatsächlich die Beschreibung dieses Brauchs. Man hatte ihr vorgeworfen, daß es zu ihrer Zeit keine Betten aus Eisen gab. Doch auch das, wie so vieles andere, wurde im nachhinein als richtig bestätigt.

Als irische Sprachkundler die Stimme Brideys später auf Tonband hörten, waren sie über die Echtheit dieses in jener Gegend Gesprochenen schweren irischen Akzents erstaunt. Auch verwendete sie viele damals gebräuchliche und heute schon längst vergessene Umgangswörter. Ebenfalls weckten Darstellungen von Festgebräuchen und der damals zu solchen Anlässen gesungenen Lieder großes Erstaunen. Und wenn immer eine Redewendung oder ein Hinweis auf Folklore von Wissenschaftlern als echt angezweifelt wurde, stellte es sich bei weiteren Nachforschungen heraus, daß Bridey Murphy recht gehabt hatte. Wie war es möglich, daß sie den irischen Dialekt, der vor hundert Jahren in der von ihr beschriebenen Gegend gesprochen wurde, mit all seinen speziellen Ausdrücken so perfekt wiedergeben konnte?

Unter mehreren Zeitungen Amerikas entspann sich ein Krieg, denn die Zeitungen der Randolph-Hearst-Kette versuchten alles, um den Fall Bridey Murphy zu diskreditieren – auch unter Zuhilfenahme bewußter Irreführungen –, während andere Zeitungen den Nachforschungen der Denver-Post zuneigten, die den Fall untersuchte und die Übereinstimmungen veröffentlichte. Auf jeden Fall erregte der Fall Bridey Murphy Millionen von Gemütern, und das Interesse an Literatur über Reinkarnation stieg. Und da sich nun Wissenschaftler und andere Enthusiasten mit der Reinkarnation auseinandersetzten und eigene Versuche mit Rückführungen durchführten, wurde Amerika bald das führende Land auf dem Gebiet der Erforschungsmöglichkeiten früherer Leben.

Übrigens ist es interessant zu erwähnen, daß Frau Virginia Tighe nie an die Reinkarnation geglaubt hatte. Sie verstarb 1995 im Alter von 72 Jahren. 1976 wurde sie in einem Interview mit der Los Angeles Times darüber befragt, wie sie im nachhinein darüber denke, vor hundert Jahren jene Bridey Murphy gewesen zu sein. Sie antwortete: »Ich wurde mein ganzes Leben dazu erzogen, nicht an die Reinkarnation zu glauben. Aber ich glaube, daß die Forschung eher für die Reinkarnation spricht. Dennoch muß ich erst davon noch überzeugt werden. Ich bin eine offene Person, und für mich scheint es logischer zu sein, daß Gott einen Plan verfolgt, der keine Grenzen kennt. Mein ganzes Leben bin ich darin erzogen worden, Gott zu begrenzen. Doch ich habe mich inzwischen dazu entschlossen zu glauben, daß es mehr gibt, als wir uns vorstellen können.«[28]

Das Judenmassaker von York

Der in Wales lebende Arzt Dr. Arnall Bloxham hatte sich schon in den zwanziger Jahren unseres Jahrhunderts mit Hypnose befaßt und wurde in England einmal dadurch berühmt, daß er im Beisein seines Zahnarztes dessen Patienten durch Hypnose suggerierte, keine Schmerzen zu verspüren, wenn ihnen gleich ein Zahn gezogen werden sollte. Zum anderen wurde er berühmt, als das Fernsehen späterhin über seine Arbeit als Rückführungsexperte berichtete und er vor der Kamera Leute in deren frühere Leben zurückversetzte.

Eine von diesen war die Hausfrau Jane Evans, die er schon zuvor in sieben ihrer früheren Leben zurückgeführt hatte. Doch das 'dramatischste' Leben führte sie als Rebecca, die Frau des Geldverleihers Joseph, der sich mit seiner Familie in der englischen Stadt York niedergelassen hatte. Rebecca schilderte ihre Angst, die sie als Juden vor den Anfeindungen der Bürger im Jahre 1190 haben mußten. Es waren schon Ausschreitungen gegen Juden vorgekommen, waren doch bei einer Pest im vergangenen Jahr zweihundert Christen gestorben – jedoch kein Jude, so daß man den Juden, die alle mit einem runden Stück gelben Stoffs auf ihrer linken Brustseite markiert sein mußten, die Schuld zuschob, die Brunnen vergiftet zu haben. Auch war erst vor kurzem der neue König Richard mit dem Beinamen 'Löwenherz' ins Heilige Land aufgebrochen, um im Kreuzzug Jerusalem von den Feinden Christi zu befreien, während im eigenen Land vor allem von seiten der Kirchenmänner auf die Juden gewiesen wurde, die ja ebenfalls 'Ungläubige' und als solche 'Feinde Christi' waren, die den Heiland ja sogar 'umbringen' ließen. Rebecca schilderte, wie unter den Juden Yorks die Angst um sich griff. Sie verbarrikadierten von innen ihre Häuser, dachten dann aber wieder daran zu fliehen, doch überall schienen sich Judenpogrome zu entwickeln, hörte man doch, daß in London gerade erst dreißig Juden ermordet worden waren.

Dann, Mitte März, geschah in York folgendes: Einige Männer unter Anführung von Marbelise, einem Adeligen, der Josef noch viel Geld schuldete und der sich durch dessen Ermordung von der Rückzahlung zu befreien hoffte, drangen brandschatzend in die Häuser der Juden ein, denen es zum größten Teil gelang, zur Burg zu eilen, um dort, wie versprochen, Schutz zu finden. Doch der Burgherr öffnete ihnen nur das erste Tor, versperrte das eigentliche Burgtor, so daß sie mit all ihren Kindern und Frauen zwischen den Mauern gefangen waren. Sie konnten weder heraus, noch herein, konnten kein Essen noch Wasser bekommen und verharrten dort einige Tage, während der Mob versuchte, von außen das äußere Burgtor einzurammen mit dem Schlachtruf: »Tötet die Juden.« Da die Eingeschlossenen wußten, daß es sich nur noch um geringe Zeit handeln konnte, bis die Mordsüchtigen eindrangen und sie alle massakrierten, begannen sie sich selbst zu töten, erst die Kinder, dann die Frauen und schließlich die Männer gegenseitig, wie es späterhin in Worms und Mainz ebenfalls so geschehen sollte.

Durch Bestechung gelang es Joseph, daß jemand aus der Burg ihm einen Geheimgang wies, durch den er mit seiner Familie vor das Tor der Stadt gelangte. Dort flüchtete die Familie in eine nahegelegene Kirche, wo Joseph und sein Sohn den Pfarrer und den Küster gefangennahmen. Sie verbargen sich dort, hoffend, daß der Mob samt den Truppen des Burgvogts nicht auf ihr Versteck aufmerksam würde. Vom Kirchturm aus sahen sie, wie ihre Häuser in Flammen aufgingen. Sie hatten tagelang nichts gegessen. Deshalb versuchten Vater und Sohn, das Versteck zu verlassen, um unerkannt Nahrung aufzutreiben. In ihrer Abwesenheit hörte Rebecca das Herannahen von Pferden und schließlich Stimmen, denen sie entnahm, daß man sie suchte und in dieser Kirche vermutete. Sie floh mit ihrer Tochter in eine Krypta unterhalb des Altars. Doch der von den Reitern befreite Pfarrer wußte, wo Rebecca und Rachel sich versteckt hielten, und bald waren die Mörder in die Krypta eingedrungen und töteten beide. Während sie das berichtete, erlebte sie alles so, wie es damals wirklich geschehen sein mußte. Ihre Stimme zitterte vor Angst. Sie schrie: »Bitte verschont meine Rachel, bitte, bitte, verschont sie!«

Wer eine solche dramatische Rückführung miterlebt hat, weiß, daß so etwas nicht geschauspielert sein kann, es sei denn, man hätte die beste Schauspielerin der Welt vor sich. Aber das Interessante ist – und deshalb dient dieser Bericht ebenfalls als Beweis für die Reinkarnation –, daß man bei der Recherchierung dieses Falls wohl die besagte Kirche auffand, jedoch dort keine Krypta unter dem Altar entdecken konnte, da übrigens nur das Münster, nicht aber die anderen Kirchen aus damaliger Zeit eine Krypta besaßen. Doch wie es der Zufall so will, wurde jene Kirche späterhin in ein Museum umgebaut, und bei diesen Umbaumaßnahmen entdeckte man die von Rebecca beschriebene Krypta, in der sie mit ihrer Tochter den Tod gefunden hatte.

Die Tonbänder mit den Schilderungen Rebeccas über jene Zeit samt dem Pogrom wurden einem bekannten Lokalhistoriker, Professor Dobson, vorgeführt, der gestehen mußte, daß ihr Bericht als wahr angesehen werden müsse, was die Ereignisse und die Zeit betreffe. Einige der detaillierten Schilderungen fand er »beeindruckend korrekt« und selbst einige noch ungeklärte Hinweise konnten sehr wohl so gewesen bzw. passiert sein, während einige andere nur wissenschaftlichen Historikern zugänglich gewesen sein könnten.

Frau Evans, selbst wenn sie vorher Bücher über jene Zeit und das Massaker eingesehen haben sollte – und das meiste darüber ist noch nicht publiziert und nur in verschiedenen Archiven gespeichert, zu welchen lediglich Archivare und Historiker Zugang haben –, konnte sich solch ein detailliertes Wissen nicht angeeignet haben und schon gar nichts über jene Krypta gewußt haben. Sie konnte auch telepathisch nichts von Dr. Bloxhams Gedanken übernommen haben, da er ja selbst von all dem Berichteten nicht die geringste Ahnung hatte.

Folgende Umstände führt Dr. Bloxham an, anhand derer er beweisen kann, daß das von Rückgeführten Wiedererlebte echt ist: »Ich habe hypnotisierten Zurückgeführten Fragen über die soeben von ihnen erlebte Zeit gestellt, deren Ereignisse sie im heutigen Leben jedoch gut kannten. Aber ihre Antworten unterschieden sich in vielem vollkommen von dem, was sie in den zugänglichen Geschichtsbüchern selbst gelesen hatten. Wenn ich ihnen etwas zu suggerieren versuchte, das gemäß unserem historischen Wissen richtig ist, was jedoch dem widersprach, was die Hypnotisierten über ihr früheres Leben berichteten, dann werden sie die uns bekannten historischen Fakten als unrichtig darstellen.«[29]

Und in einigen Fällen konnte erst im nachhinein durch Nachforschungen in Archiven beglaubigt werden, daß das, was jene in Trance Befindlichen erlebten und für wahr angaben, auch wirklich wahr war.

Ähnlich dramatische Erlebnisse sind mir in meiner Praxis als Rückführungstherapeut oft begegnet. Jedoch habe ich nicht die Zeit, jene Fakten historisch zu verifizieren. Da ich Geschichte studiert habe, weiß ich zumeist schon, ob das von der in Trance befindlichen Person Berichtete mit den historischen Gegebenheiten übereinstimmt. Wenn ich hinterher diese Personen über jene geschilderte Zeit befrage, muß ich oft feststellen, daß diese vorher nahezu überhaupt nichts über jene soeben erlebte historische Zeit gewußt hatten. Meist sind diese Zurückgeführten in ihrer damaligen Zeit ganz einfache Leute ohne jegliche Bildung oder Interesse an Politik und Weltgeschehen gewesen. Nur wenn sie durch dieses selbst in Mitleidenschaft gezogen wurden, wußten sie über solche geschichtlichen Zusammenhänge zu berichten. Dennoch ergeben sich, wie in jenen oben erwähnten Gruppenrückführungen, auch in solchen Einzelrückführungen, bei denen ich mich mit dem Klienten im Dialog befinde, Beweise für die Reinkarnation ganz nebenbei. Von einem solchen Fall möchte ich gleich im Anschluß erzählen, nachdem ich zuerst auf eine Fernsehsendung eingegangen bin, die am 21. April 1994 im SAT I ausgestrahlt wurde.

Deutschlands TV-Quotenkönigin als Bettlerin

5,6 Millionen Menschen erlebten an ihren Fernsehapparaten mit, wie Margarete Schreinemakers ihr früheres Leben als eine Bettlerin zu Beginn des achtzehnten Jahrhunderts in Trance wiedererlebte. Drei Tage zuvor war ich zu ihr nach Belgien gefahren worden, um sie in ein früheres Leben zurückzuversetzen. Da sie dort den Wunsch geäußert hatte, ein früheres Leben mit ihrem heutigen Sohn Lukas und ein früheres Leben mit ihrem heutigen zweiten Ehemann wiederzuerleben, führte ich sie zuerst in ein Leben mit Lukas. Jener war in Frankreich zur Zeit Napoleons ihr jüngerer Bruder. Beide verbrachten bei ihrem gestrengen Vater eine äußerst harte Kindheit und Jugend. Sie selbst hatte sich 1812 glücklich verheiratet. Übrigens wechselten wir dabei einige Sätze in französisch. Doch jener Bruder, nachdem der Vater ihn gezwungen hatte, eine ältere und ungeliebte Frau zu ehelichen, sprang von einer Brücke und starb. Sie als seine Schwester hatte Schuldgefühle, weil sie ihrem Bruder nicht voll zur Seite gestanden hatte.

In jenem anderen Leben war sie unehelich geboren, hieß Barbara Landmann und lebte um 1710 in Stuttgart als Bettlerin, die sogar einmal aus Hunger eine Tapete abkratzte. Sie wurde bei einem Diebstahl ertappt und dem Richter – er ist in ihrem heutigen Leben ihr Mann und ebenfalls wieder Jurist – vorgeführt, der sie dazu verurteilte, im Armenhaus unentgeltlich mitzuarbeiten. Dieses war ein gnädiges Urteil, denn dort hatte sie Brot und Unterkunft.

Ich wunderte mich darüber, daß ihr Höheres Selbst ihr diese zwei Leben ausgesucht hatte, denn sicherlich hatte sie noch andere frühere Leben mit ihrem heutigen Sohn und Ehemann gehabt. Aber dann wurde mir klar: Hätte das Höhere Selbst ihr zwei Leben gezeigt, die nur schön und angenehm gewesen waren, hätte sie am Ende sagen können, daß beide Leben nur Projektionen von Wunschdenken gewesen seien. Indem sie aber unliebsame Leben wiedererlebte, konnte diese Behauptung nicht mehr gelten.

Auch wurde mir klar, daß die Aufdeckung dieser beiden Leben insofern bedeutend war, da sich dadurch erklärte, warum sie sich als Moderatorin so engagiert für solche Leute einsetzte, die unter seelischer und körperlicher Not litten.

In jenen drei Tagen tat die Redaktion dieser Sendung alles, um herauszufinden, ob es tatsächlich Sterbeverzeichnisse jener Gegend und Zeit gab, in denen dieser Name zu finden war. Aber die Suche blieb erfolglos. Selbst wenn man eine Person mit diesem Namen gefunden hätte, müßte es sich noch lange nicht um jene Bettlerin gehandelt haben. Ich schätze, daß es zu jener Zeit in Deutschland einige Dutzend, wenn nicht einige Hundert Frauen mit diesem Namen gegeben haben könnte. Daß man ihren Namen in keinem Geburts- und Sterberegister gefunden hat, spricht eher als Beweis für die Echtheit dieses Falles. Denn wurde damals ein Kind unehelich geboren, dann sah man es als ein Kind des 'Teufels' an, selbst wenn sein Vater ein Bischof gewesen wäre. Kinder des Teufels wurden nicht in einem Kirchenbuch eingetragen, denn das wäre eine Gotteslästerung gewesen. Solche Leute erhielten natürlich auch kein kirchliches Begräbnis, wurden also auch hier nicht mit Namen registriert. Vielmehr wurden sie auf dem Schindanger, wo Erhängte verscharrt wurden, begraben. Sogenannte Bastarde, von wenigen Ausnahmen abgesehen, hatten auch kaum eine Chance, irgendwo angestellt zu werden, auch nicht als Hausmädchen, weil sie ja des 'Teufels' Kinder waren. Ihnen blieb nur übrig zu betteln oder, so sie 'schön' waren, mit dem Heer zu ziehen. Indem sich kein Namensnachweis finden ließ, sprach diese Rückführung eher für die Echtheit des Geschauten als umgekehrt.

Nun möchte ich zu einem weiteren echten Beweis kommen, den eine meiner Klientinnen in einer Einzelrückführung erhalten hat.

Eine Frau sah sich bei einer Einzelrückführung als ihre heutige ältere Schwester, die im Alter von zwölf Jahren verstorben war. Sie selbst wurde erst etwa ein Jahr später geboren. Zu jener Zeit waren ihre Eltern in eine Stadt gezogen, während sie zuvor auf dem Land gewohnt und Landwirtschaft betrieben hatten. Vielleicht wollten sie auch den Ort, an dem ihre Tochter verstorben war, verlassen, um nicht an jenes traurige Ereignis erinnert zu werden. In der Rückführung erlebte sie sich als jene verstorbene Schwester, die nun Jahr für Jahr größer wurde und sah, wie sie in die Schule kam, in die Ferien reiste, die sie mit den Eltern oder der Klasse unternahm, alles wurde von ihr nun wiedererlebt.

Bei einem Besuch ihrer Eltern wollte sie das Gesehene nun auf seine Richtigkeit hin überprüfen. Die Eltern waren erstaunt über ihr Wissen um die Details aus dem Leben der verstorbenen Tochter. Sie konnte ihren Eltern das Bauernhaus, in dem jene vor ihrer Geburt gewohnt hatten, von außen und innen korrekt beschreiben. Sie wußte sogar die Anzahl der Sonnenblumen zu nennen, welche die Mutter vor der Scheune gepflanzt hatte, wie sie auch die übrigen der dort gepflanzten Blumen genau angeben konnte. Sie konnte das Aussehen der Pferde im Stall beschreiben und sie auch bei Namen nennen wie auch deren Standort im Stall angeben. Sie verfügte also über ein Wissen, das ihr in diesem Leben nicht zugänglich gewesen sein kann.

Wenn Eltern wüßten, daß oft jemand, den sie so sehr betrauern, in ihrer Familie bereits wiedergeboren ist, müßte sich dann nicht solch eine Trauer in Freude verwandeln? So läßt uns Unwissenheit oft auf lange Zeit in großem Leid verharren, während wir, so wir wissend wären, wieder Grund zur Freude haben müßten.

Trifft dieses nicht auch im besonderen Maße auf den nächsten Fall zu, den meine Kollegin Jeanne Avery in Amerika aufdecken durfte?

Die Rückkehr der geliebten Mutter

Jeffrey ist das einzige Kind jüdischer Eltern. Er wuchs bei ihnen in New York auf. Er kam in die Praxis der Reinkarnationstherapeutin Jeanne Avery, da er unter Depressionen litt. Er habe, wie er sagte, Angst vor der Zukunft, vor allem Angst auch vor unerwarteten Ereignissen. Er vermag niemandem zu trauen. Wie sich in der Anamnese herausstellte, war seine ganze Kindheit in Trauer gehüllt. Sein Vater hatte seine eigene Mutter über alles geliebt. Diese war als Deutsche in den dreißiger Jahren in ihrer Heimat geblieben, obwohl ihr Sohn sie angefleht und auch Geld geschickt hatte, daß sie Nazi-Deutschland so schnell wie möglich verlassen solle, denn es ging den dort wohnenden Juden Tag für Tag schlechter. Doch seine Mutter schrieb ihm zurück, daß sie noch Hoffnung sehe und vorerst bleiben wolle. Doch dann war es zu spät. Ab einer gewissen Zeit war es als Jude nicht mehr möglich, Deutschland zu verlassen. Als dann der Krieg begonnen hatte, vermehrten sich die Gerüchte und die Meldungen über den Horror, unter dem die Juden auch in den von Deutschen besetzten Gebieten zu leiden hatten. Seine Mutter hatte den Holocaust nicht überlebt. Was mit ihr geschehen war, wurde nie klar festgestellt, aber Jeffreys Vater war überzeugt davon, daß sie ebenso wie Millionen anderer seines Glaubens ihr Lebensende in der Gaskammer fand.

Jeffreys Vater hatte sich in Schuldgefühle hineingesteigert, daß er damals nicht noch mehr versucht hatte, seine Mutter noch rechtzeitig aus Deutschland nach Amerika zu holen. Für ihn war es unmöglich geworden, sich am Leben erfreuen zu können, wenn seine Mutter ihr Leben auf diese grauenvolle Art verloren hatte. In seinem Haus erstarb jedes Lachen, ja jede Freude. Eine beständige Trauer war angesagt, und jeder andere in der Familie hatte mitzutrauern.

Und Jeanne Avery schreibt: »Einerseits fühlte Jeffrey eine große Liebe und Zuneigung für seinen Vater, aber auf der anderen Seite sah er nicht ein, sein ganzes Leben um jemanden trauern zu sollen, den er nie gekannt hatte. Er fühlte sich um eine normale Kindheit und Jugend betrogen, da über allem die düstere Trauer stand, die sein ganzes Leben überzog. Er glaubte, daß sein Vater kaum wahrnahm, daß er, sein Sohn, überhaupt existierte. Und so folgerte er auch, daß sein Vater ihn gar nicht liebe. Und schließlich war er davon überzeugt, daß er erst jene Zuneigung von ihm bekäme, wenn er selbst sterben würde.«

In der Rückführung in die Kindheit des heutigen Lebens wurde aufgedeckt, daß Jeffrey nahezu völlig übersehen wurde. Denn ganz egal wie niedlich, wie charmant, wie intelligent er für sein Alter auch war, er konnte die Gefühle seines Vaters nie für sich gewinnen. Denn diese gehörten dessen verstorbener Mutter. Und diese vermochte er nicht zu ersetzen.

Jeffrey nahm sich in der Rückführung auf einmal als eine Frau wahr, die alleine für sich in der Nähe Berlins lebte. Sie war mit ihrem Leben sehr zufrieden. Ihr Mann war schon seit einigen Jahren verstorben. Doch hatte sie einen Sohn, der in New York wohnte, den sie auch dort schon besucht hatte. Aber dort hielt sie es nie lange aus. Sie sehnte sich nach ihrem Zuhause und ihren lieben Freunden und Nachbarn zurück. Ende der dreißiger Jahre mehrten sich die Aufforderungen des Sohnes, doch schnellstens zu ihm nach Amerika zu kommen. Aber sie war optimistischer Natur und versuchte seine Befürchtungen zu beschwichtigen. Sie schrieb ihm auch, daß sogar einige Soldaten bei jüdischen Familien einquartiert seien und diese sehr nett zu ihnen wären. Jedoch seien verschiedene Nahrungsmittel immer schwieriger zu erhalten, weshalb sie schon in ihrem Garten Gemüsebeete angelegt und auch Kartoffeln gepflanzt hätte.

Inzwischen hatte die Korrespondenz mit ihrem Sohn nach Amerika des Krieges wegen schon längst aufgehört. Sie hörte von ihren jüdischen Nachbarn, daß diese begonnen hätten, Silber und Schmuck in ihren Gärten zu vergraben, da es schon vorgekommen sei, daß man plötzlich aufgefordert wurde, alles Nötige in wenigen Minuten zusammenzupacken und mitzukommen. Trotzdem blieb diese Frau immer optimistisch. Einmal brachte ihr sogar ein deutscher Soldat Schokolade. Wurden Einschränkungen für die Juden anbefohlen, dann hieß es immer, daß es ihrer eigenen Sicherheit diene.

Doch eines Tages wurde auch sie aufgefordert, ihre Sachen schnell zu packen, da sie für einige Wochen ihr Haus verlassen müsse. Auf einmal waren die ihr bekannten Soldaten gar nicht mehr nett, vielmehr taten sie so, als ob sie sie gar nicht mehr kennen würden. Viele Juden samt Kindern wurden nun auf Lastwagen geladen. Diese waren mit Menschenleibern derart überfüllt, daß viele von ihnen gar nicht sitzen konnten. Die Kinder begannen zu weinen. Es gab keinerlei Vorrichtungen für die Notdurft. Weder wurde Essen noch Trinken gereicht. Schließlich erreichten sie stallartige Gebäude, in welche sie hineingepfercht wurden. Mehrere Familien mußten sich einen Raum von mehreren Quadratmetern teilen. Jetzt erst wurde jener Jüdin bewußt, wie naiv sie doch vorher gewesen war, auf das Drängen des Sohnes, schnellstens nach Amerika zu kommen, nicht gehört zu haben. Die deutschen Wachmannschaften waren alles andere als freundlich. Wer von den Juden irgendwas beanstandete oder sich gar beschwerte, wurde sofort erschossen. Es gab zu wenig Toiletten, und diejenigen, die es gab, funktionierten nicht. Ein ungeheurer Gestank breitete sich aus. Ein jeder war hungrig, durstig und fror. Und die Babies schrien ohne Unterlaß vor Hunger. Und nach einigen Wochen wurden sie wieder auf Lastwagen geladen. Als diese nach langer Fahrt wieder hielten, geleitete man sie in den Vorraum einer großen Duschanlage, in dem neue Kleidungsstücke aufgestapelt lagen. Man sagte ihnen, daß sie erst einmal duschen müßten, bevor sie jene Kleidungsstücke anlegen könnten. Doch statt der erhofften Dusche kam Gas aus den Brauseköpfen, und alle starben eines grausamen Todes.

Als Jeffrey aus dieser Rückführung wieder in das heutige Tagesbewußtsein zurückkehrte, wußte er noch mehr zu berichten. »Ich bin nur wenig später wieder geboren worden. Ich war die Mutter meines Vaters. Ich wollte unbedingt zu meinem Sohn als dessen Sohn zurückkehren, um ihm zu zeigen, daß ich ja noch lebe und daß es mir gut geht und daß ich ja bei ihm bin. Aber wie könnte ich meinem Vater nun erklären, daß ich seine wieder zurückgekehrte Mutter bin? Selbst für mich ist dies schwer zu begreifen.« Und nach einer Weile fuhr er fort: »Ich sehe jetzt ein, warum ich zurückgekehrt bin. Ich wollte meinem Vater so viel Liebe und Zuwendung geben wie nur möglich.«

Jeffrey versicherte seiner Rückführungstherapeutin, daß er nie irgendwelche Berichte über den Holocaust gelesen oder sich Filme darüber angesehen hätte. Er wollte einfach nichts darüber wissen. Es war so viel über seine Großmutter gesprochen worden, daß er nicht noch mehr darüber hören wollte. Und er sagte auch noch, daß das, was er soeben erlebt hätte, niemals etwas Angelesenes oder dergleichen sein könne, es müsse aus seinem Unterbewußtsein wieder in sein Bewußtsein gekommen sein.[30]

Hunderttausende von Juden, wie die Chassiden, die Kabbalisten und die vielen esoterisch Interessierten unter ihnen, glauben an die Reinkarnation. Viele von ihnen, vor allem, wenn sie Alpträume haben, die mit dem Holocaust zusammenhängen könnten, oder wenn sie an einem Symptom leiden, das damit in Zusammenhang gebracht werden könnte, wie Asthma oder Gewichtsprobleme, wenn sie Panik erleben, sobald sie Berichte über jene Zeit hören oder mit Filmen aus diesem Themenbereich konfrontiert werden oder wenn sie an schweren Depressionen oder an Klaustrophobie leiden, finden oft den Weg zu einem Rückführungstherapeuten, der die Ursache(n) für diese Probleme in der Vergangenheit aufzudecken hilft. Denn allein schon die Erkenntnis, woher die Ursachen für ein Störsymptom kommen, kann dieses schon mindern oder gar auflösen. In den Vereinigten Staaten gibt es eine ganze Anzahl von jüdischen Rückführungstherapeuten. Es werden Fortbildungsseminare für Rückführungstherapeuten angeboten, in denen unterrichtet wird, wie man solchen Klienten wirkungsvoll helfen kann, die in dem vergangenen

Leben im Holocaust umgekommen sind. Ich habe selbst schon eine ganze Reihe von Juden und Nichtjuden, die im vorausgegangenen Leben mit diesem düstersten Kapitel der jüngsten Menschheitsgeschichte in härtester Weise konfrontiert waren, von jenen Nachwirkungen befreien können. Die erfolgreiche Rückführungstherapie ist meines Erachtens einer der stärksten Beweise für die Reinkarnation. Aus diesem Grunde möchte ich in dem folgenden Kapitel Ihnen, verehrte Leserin und verehrter Leser, ein wenig mehr darüber berichten.

Beweise für die Reinkarnation durch die Rückführungstherapie

Die Rückführungstherapie bzw. Reinkarnationstherapie öffnet den Weg für einen Klienten, sich mittels seines Höheren Selbst oder seiner geistigen Führung zu jenen Speicherungen aus der Vergangenheit in seinem Unterbewußtsein oder in seinem Emotionalkörper zu begeben, wo die Ursachen der heutigen Störsymptome, wie Ängste, Phobien, Zwänge, Depressionen, Allergien, Schlaflosigkeit, chronische Schmerzen, Migräne, Asthma, Alpträume, Beziehungsprobleme und vieles mehr, aufgezeichnet sind. Dabei hat es sich herausgestellt, daß die Mehrzahl solcher unliebsamen Symptome ihre Hauptursache in früheren Leben haben, während Ursachen in dem heutigen Leben, wie zum Beispiel in der Kindheit, oft nur Muster bzw. Nebenursachen der eigentlichen vorausgegangenen Hauptursache sind. Deckt man die eigentliche Ursache, also die Hauptursache, auf und erlöst die Emotionen und Programmierungen, die sich im Unterbewußtsein bzw. im Emotionalkörper festgesetzt haben, dann kann ein solches Störsymptom oft in nur einer einzigen Therapiesitzung behoben werden. Die Heilerfolge durch die Rückführungstherapie sind enorm. Die Beschäftigung mit der Reinkarnation hat diese segensreiche Therapieform für die Menschheit möglich werden lassen.

Ich möchte kurz einige Beispiele aus meiner Praxis geben, damit Sie sich diese Therapie besser vorstellen können.

Eine Frau kam zu mir, die schon in der frühesten Kindheit Probleme mit ihrer Mutter hatte. Diese Mutter schien ihre Tochter völlig zu ignorieren oder sie aus ihrer Nähe fortzuschicken, während sie ihre anderen Kinder auf den Schoß nehmen konnte. In der Rückführungstherapie stellte sich heraus, daß letztere Klientin vor etwa 220 Jahren eine attraktive Wienerin war, die sich in einen angesehenen und wohlhabenden Mann verliebt hatte. Dieser erwiderte zwar ihre Liebe, aber an eine Verheiratung war nicht zu denken, da er verheiratet war und eine Scheidung von seiner Frau aus religiösen und gesellschaftlichen Gründen nicht in Frage kommen konnte. Diese Wienerin hatte nun im Einvernehmen mit ihrem Geliebten dessen Ehefrau vergiftet. Und diese vergiftete Ehefrau ist heute, wie Sie sich sicherlich schon vorstellen können, die Mutter ihrer ehemaligen Mörderin. In der Rückführungstherapie geht diese Klientin mit einem Kelch, in dem sich eine Flüssigkeit der Liebe, Vergebung und der Leid- und Schuldauflösung befindet, zu jener vergifteten Ehefrau, reicht ihr diesen Kelch und bittet sie, ihr zu vergeben. Sodann begibt sie sich in der Therapie in der Vorstellung zu ihrer heutigen Mutter und, indem sie ihr den Kelch reicht, bittet sie diese, ihr zu vergeben.

Sie, liebe Leserin und lieber Leser, können sich nun sicherlich vorstellen, warum diese Mutter heute ihrer Tochter gegenüber unbewußt so reagieren mußte. Unser ganzes Verhalten resultiert aus der Summe unserer Erfahrungen und Gefühle aus der Vergangenheit, auch wenn diese noch so weit in der Zeit zurückgehen. Aber diese Geschichte ist noch nicht zu Ende erzählt. Als jene Frau nach der Therapie nach Hause kam, läutete das Telefon. Ihre Mutter war am Apparat. Es war das erste Mal, daß sie ihre Tochter, seitdem diese vor fünfundzwanzig Jahren das Elternhaus verlassen hatte, anrief. Und sie sagte:»Meine Liebe« (solch ein Wort hatte sie für ihre Tochter ein ganzes Leben lang noch nicht über ihre Lippen gebracht), »ich weiß, daß du im nächsten Sommer nach Amerika reisen möchtest. Ich habe zufällig morgen nachmittag einen Amerikaner zu Besuch bei mir. Komme doch bitte morgen um vier Uhr zum Tee zu mir, damit ich dir diesen Herrn, der dir bestimmt viele Auskünfte erteilen kann, vorstelle.« Als die Mutter am nächsten Tag ihrer Tochter die Tür öffnet, umarmt sie diese, nimmt sie bei der Hand und stellt sie ihrem Gast aus Amerika vor. Ihr ganzes Verhalten ihrer Tochter gegenüber hat sich um 180 Grad gedreht. Und wissen Sie warum? Weil ihre Tochter sie endlich um Vergebung für dieses grausame Verbrechen gebeten hatte. Diese Vergebung in der Therapiesitzung hatte Fernwirkung. Das Unterbewußtsein der Mutter hatte die Bitte um Vergebung registriert und diese auch gewährt.

Ein anderes Beispiel. Ein seit zwanzig Jahren verheirateter Mann offenbart mir, daß er herausfinden wolle, warum seine Frau sich ihm eigentlich schon seit Beginn ihrer Ehe sexuell verweigert. Es stellte sich nun heraus, daß er diese Frau in einem Leben vor etwa zweihundert Jahren als Soldat vergewaltigt hatte. Ihr Unterbewußtsein bzw. ihr Emotionalkörper wehrt sich, ihr selbst unbewußt, dagegen, sich wieder von ihrem damaligen Vergewaltiger sexuell berühren zu lassen. In der Therapie bringt er ihr den Kelch der Vergebung und bittet sie, ihm zu verzeihen. Am nächsten Morgen sucht dieser Mann mich auf und sagt, er habe letzte Nacht, ohne seiner Frau vorher vom Inhalt seiner Therapie erzählt zu haben, die erste sexuell erfüllende Nacht mit ihr gehabt. Wiederum hatte auch über die Entfernung hin das Unterbewußtsein seiner Frau die Bitte um Vergebung vernommen und Vergebung gewährt. Man stelle sich vor, wie viele zerrüttete Ehen man eventuell mittels der Rückführungstherapie wieder heilen kann.

Eine junge Mutter litt unter dem Zwang, jeden Morgen, bevor sie ihre Kinder in den Kindergarten brachte, ein bis zwei Liter Wasser trinken zu müssen. Ihre Beine waren oberhalb des Fußgelenkes schon dick angeschwollen und die verschriebenen Medikamente wollten nicht helfen. In der Rückführung sah sie sich als Karawanenführer, der vor rund zweihundert Jahren eine Karawane durch die Wüste zu führen hatte. Er sagte zu den Mitreisenden, daß sie nur Wasser für zehn Tage in die Schläuche zu füllen bräuchten, kämen sie doch dann zu einer Oase, wo es reichlich Wasser gebe. Dort nach zehn Tagen angekommen, fanden sie, daß diese Oase inzwischen ganz versandet war. Alle verdursteten. Die letzte Programmierung, die sich der Karawanenführer vor dem Tod gegeben hatte, war: »Ich will nie wieder mein Zuhause mit zu wenig Wasser verlassen.« Diese Programmierung wirkte sich über die späteren Leben aus, wie sie sich auch in diesem Leben bei dieser jungen Mutter manifestierte. Diese Programmierung, die sich für sie in diesem Leben so schädlich auswirkte, lösten wir sofort auf. Wie sie mir am folgenden Tag berichtete, habe sie nach der Therapiesitzung alle zwanzig Minuten Wasser lassen müssen. Und mit Stolz fügte sie hinzu: »Ich bin heute, ohne Wasser trinken zu müssen, aus dem Haus gegangen. Und schau einmal, meine Beine sind nun seit Jahren wieder normal. Das Wasser ist daraus verschwunden.«

Menschen, die zum Beispiel nichts Einengendes am Hals tragen können, wie Rollkragenpullover, Fliegen, Hemdkragen und dergleichen, sind oft in einem früheren Leben am Hals verwundet worden oder fanden durch Ersticken, Erhängt- oder Erwürgtwerden, Enthauptung usw. den Tod. Jene Menschen, die zum Beispiel keine Uhr am Handgelenk tragen können, waren oft in früheren Leben an ihren Handgelenken durch Stricke oder Eisenketten gefesselt gewesen. Wann immer sie sich wieder an dieser Stelle beengt fühlen, erinnert sie das unbewußt und unwillkürlich an eine unliebsame Begebenheit in ihrer Vergangenheit, weshalb sie gegen ähnliche Beengungen mit Aversionen reagieren. Allergien gehen meist ebenfalls auf negative Erlebnisse zurück. Ist man an einer Fischgräte, an einem vergifteten Apfel oder einem giftigen Pilz gestorben, wird man heute noch oft als Nachwirkung eine Allergie gegen Fisch, Äpfel oder Pilze haben. Oft habe ich in meinen Rückführungstherapien erlebt, daß jene Klienten, die an Übergewicht leiden, in früheren Leben verhungert waren und sich damals programmiert hatten: »Ich will nie wieder Hunger leiden.« Unbewußt sind solche Menschen oft einer solchen früheren Programmierung ausgesetzt, bis diese in der Rückführungstherapie aufgelöst wird. Ich glaube, daß man sich der Rückführungstherapie auch von wissenschaftlicher Seite noch annehmen wird und daß damit eine Revolution in der Medizin, in der Psychologie, wie auch in der Psychotherapie stattfinden dürfte. Dies setzt jedoch voraus, daß man die Reinkarnation als solche akzeptiert.

Ich könnte Ihnen Dutzende ähnlicher Beispiele an Spontanerfolgen aufführen, die sich in meinen Rückführungstherapien ergeben haben. Wenn Sie mehr darüber wissen wollen, verweise ich Sie auf mein Buch »Das große Handbuch der Reinkarnation – Heilung durch Rückführung«.[31] Dieses, wie auch das vorliegende Buch, möchte auch in dieser Hinsicht einen Beitrag zum Segen der Menschheit leisten. Doch nun ist es Zeit, daß wir uns dem überzeugendsten und nicht mehr zu widerlegenden Beweis für die Reinkarnation zuwenden. Denn was durch die Hypnose an bisherigen Beweisen vorgelegt worden ist, wird nun in den Schatten gestellt durch einen Fall, den kein geringerer als Dr. Bruce Goldberg aufdecken konnte. Dieser Fall hatte wiederum die Gemüter Amerikas in den neunziger Jahren des zwanzigsten Jahrhunderts bewegt, wie schon in den fünfziger Jahren der Fall Bridey Murphy. Das Fernsehen berichtete aller Orten darüber, ja, es wurde sogar ein Film mit dem Titel »Search for Grace« ausgestrahlt, und das Buch mit demselben Titel von Dr. Goldberg wurde daraufhin zu einem Bestseller. Dieser Fall dürfte der bisher am besten dokumentierte und darum der überzeugendste Beweis für die Reinkarnation sein, der je veröffentlicht worden ist.

Kalifornien ist in der zweiten Hälfte des zwanzigsten Jahrhunderts für die meisten der spirituellen Entdeckungen eines neuen Wissens und Verstehens und in der Wiederbelebung alten Wissens mit neuen Akzenten der Bahnbrecher einer sich ankündigenden neuen Zeit, sei es auf dem Gebiet der alternativen Psychologie, der spirituellen Philosophie, der Rückführungstherapie oder auch der Reinkarnation. Die Samen, welche die großen Meister des Ostens, wie Yogananda, Vivekananda, Muktananda und viele andere in der ersten Hälfte des zwanzigsten Jahrhunderts dort gesetzt hatten, waren schon in den sechziger Jahren voll aufgeblüht und heute kann die Ernte eingeholt werden. Die Früchte dieser spirituellen Saat werden, so bin ich überzeugt, das ganze Denken unserer neuen Gesellschaft beeinflussen.

Auf der Suche nach Grace

1987 erhielt Dr. Bruce Goldberg einen Anruf von einer etwa dreißigjährigen Frau namens Ivy, die, wie sie sagte, ihn schon zweimal im Fernsehen gesehen hatte und sich nun dadurch ermutigt sah, ihn wegen eines Rückführungstermines anzurufen. Als sie in seine Praxis in Baltimore kam, machte sie einen höflichen und schüchternen Eindruck. Der Grund, weshalb sie zu ihm kam, war, herauszufinden, warum sie eine so destruktive Beziehung zu ihrem Freund John hatte, der sie physisch und psychisch mißbrauchte und sie schon dreimal beinahe getötet hätte. John war darüber hinaus unaufrichtig, unberechenbar und egoistisch. Dennoch kam sie von ihm nicht los, so daß sie ihm all seine Eskapaden und Brutalitäten schnell verzieh, nachdem er ihr jedes Mal geschworen hatte, daß diese nie wieder vorkommen würden. Zugleich fühlte Ivy sich zu einem anderen Mann hingezogen, der das genaue Gegenteil von John zu sein schien, denn dieser Dave war höflich, liebevoll, vertrauenswürdig und hatte mit Frauen noch keine großen Erfahrungen gemacht. Ivys Dilemma bestand nun darin, daß sie beide Männer mochte, die aufrichtige und tiefe Liebe von Dave schätzte, jedoch jenes leidenschaftliche Verfallensein an John nicht aufzugeben in der Lage war. Alles sprach für eine Entscheidung zugunsten von Dave, und dennoch kam sie von John nicht los. Außerdem wurde sie von Alpträumen heimgesucht, in welchen sie immer von einem Mann ermordet wurde, von welchem sie fühlte, daß es John war, selbst wenn er ein ganz anderes Aussehen hatte und andere Kleidung trug. Außerdem litt sie an Schlaflosigkeit, denn nach solchen Alpträumen war es für sie schwer, wieder einzuschlafen, oder sie fürchtete sich davor einzuschlafen, um nicht wieder solchen Alpträumen ausgesetzt zu sein.

Nach der fünfundvierzigsten Sitzung war sie schon längst von ihrer unheilvollen Beziehung zu John geheilt und lebte eine erfüllende Beziehung mit Dave. Viele andere Probleme, die im Zuge ihrer Therapie noch aufgedeckt wurden, waren ebenfalls erfolgreich abgeschlossen. Sie hatte Selbstsicherheit gewonnen, ihre Alpträume waren verschwunden, und sie konnte nun wieder gut schlafen.

In all den vielen Leben war sie von John in anderen Gestalten und in anderen Zeiten ermordet worden. Dave war in den meisten dieser Leben der 'gute' Freund, der sie retten wollte. Wenn man an dieser Stelle das Karmagesetz heranzieht, demzufolge wir uns genau das zuziehen, was wir einstmals anderen angetan haben, dann müßte Ivy in einer jenen Leben vorausgegangenen Inkarnation ein wirklich schlimmes Täterleben geführt haben, in welchem sie sich im höchsten Maße 'mörderisch' vergangenen haben mußte.

Dr. Goldberg sah ihre Rückführungstherapie für beendet an. Doch Ivy erinnerte ihn noch an ihre Phobie, plötzlich nicht mehr schlucken zu können. Außerdem dürfe sie niemand, selbst Dave nicht, am Halse anfassen, wie sie auch auf keinen Fall irgend etwas Beengendes am Hals tragen könne. Ivy und ihr Therapeut stimmten nun darüber ein, daß dieses Symptom nun wirklich als letztes von jenen vielen behandelt und ebenfalls aufgelöst werden sollte, nicht ahnend, daß diese nun folgende Rückführung einmal Geschichte in der Beweisführung für die Reinkarnation machen würde. Dr. Goldberg nahm wie üblich die ganze Sitzung auf Tonband auf und machte sich nebenbei noch Notizen.

Sie sah sich plötzlich in das Jahr 1925 versetzt. Sie hieß Grace Doze, war einundreißig Jahre alt. Sie stritt sich gerade mit ihrem Mann Chester. Er war Angestellter bei General Electric. Beide hatten einen einjährigen Sohn mit dem Namen Cliff. Dieser war jedoch oft bei der Mutter von Grace im gleichen Ort untergebracht. Ihr Mann beschuldigte sie, mit anderen Männern Affairen zu haben. Als Dr. Goldberg sie danach fragte, ob das stimme, gab sie es zu und sagte, daß ihr 'Idiot' von Ehemann sie nicht glücklich zu machen verstehe und daß sie sich in der vollen Blüte ihrer Jahre befinde, attraktiv sei und nicht einsehen könne, keine Seitensprünge zu machen. Manchmal schlügen sich beide, aber sie fühle sich stark genug, mit ihrem Ehemann fertig zu werden.

Im folgenden Jahr zogen die beiden in eine Wohnung in der Mainstreet von Buffalo. Ihren Ehemann Chester fand sie weiterhin langweilig. Sie ging abends allein aus und hielt Autos an, um sich an ihre Zielorte mitnehmen zu lassen. Sie fand diese Art des Mitgenommenwerdens aufregend, da man hierbei interesssante Männer kennenlernen konnte. Sie hatte eine Freundin namens Mary. Mit ihr besuchte sie wilde Parties. Es waren die zwanziger Jahre in den USA. Alkohol war limitiert, und es war schwer, an diesen heranzukommen, wenn man nicht seine Schwarzmarktquellen kannte. Nach dem nächsten wichtigen Ereignis in ihrem Leben befragt, schilderte Grace eine handgreifliche Auseinandersetzung mit ihrem Mann im April 1927, in welchem sie ihn am Arm mit der Schere verletzte. Zu dem nächsten wichtigen Ereignis in jenem Leben geführt, sah sie sich zwei Wochen später mit einem Mann namens Jack zusammen. Dieser schien sich in sie verliebt zu haben und versicherte ihr, daß er hier in Buffalo bleiben wolle, nur um bei ihr zu sein. Er schien alles an Grace zu mögen. Sie beschloß nun, ihren Mann zu verlassen, und mietete sich ein Hotelzimmer. Im Unterschied zu ihrem Mann zankte sie sich nie mit Jack, obwohl er auch schon Eifersuchtsgefühle aufkommen ließ. Chester versuchte sie am 17. Mai zu bewegen, zu ihm zurückzukommen, nachdem er sie in jenem Hotel gefunden hatte. Sie schaffte es, sich seiner Gegenwart zu entziehen und mit Jack in dessen Auto zu einem anderen Hotel zu fahren, in dem sie sich ein Zimmer nahmen. Anschließend brachte sie Jack in ein Hallenbad, wo Ivy jede Woche zu schwimmen pflegte. Danach holte Jack sie von dort wieder ab. Er hatte inzwischen getrunken. Er machte ihr im Wagen den Vorschlag, daß sie woanders hinziehen sollten. Ivy sagte ihm, daß sie auf jeden Fall ihren Sohn mitnehmen wolle. Er war darüber sehr ungehalten. Dann begann er sie zu beschimpfen, daß sie, wie er in der Bar von den Männern gehört habe, eine Hure sei. Und er machte abfällige Bemerkungen über ihre Kleidung und die Schuhe mit den roten Absätzen. Der Mann an der Theke hätte ihm aufgezählt, mit wem sie schon alles geschlafen hätte. Sie widersprach ihm heftig, warf ihm vor, daß er betrunken sei. Er nannte sie ein Flittchen. Plötzlich hielt er den Wagen an. Er schlug sie, stach mit einem Messer auf sie ein und erwürgte sie schließlich.

Nach dem Tod können wir meistens alles aus der Vogelperspektive sehen, ohne weiterhin den Schmerz zu fühlen. Deshalb führte Dr. Goldberg Ivy ebenfalls in jenen Zustand nach ihrem Tod, um sie als Grace beschreiben zu lassen, was mit ihr weiterhin geschehen war. Jack habe sie anschließend in den Ellicott Creek (Bach) geworfen. Danach gefragt, wer Jack in ihrem heutigen Leben sei, nannte sie den Namen ihres damaligen Freundes John, den sie gegen Dave eingetauscht hatte. Nach dieser Rückführungstherapie verlor Ivy ihre Halsphobie und Dave konnte sie das erste Mal am Hals berühren. Weiterhin befragt, ob Chester oder ihr Sohn Cliff in ihrem heutigen Leben wiedergeboren seien, verneinte sie beides.

Solche und ähnlich dramatische Mordgeschichten aus einem früheren Leben kommen in Rückführungstherapien oft vor. Ich sage häufig selbst im Scherz zu Freunden, daß mir, nachdem ich so viele Rückführungstherapien durchgeführt habe, mir Krimi- und Action-Filme ganz langweilig vorkämen. Somit maß auch Dr. Goldberg jenem Trancebericht von Ivy keine größere überpersönliche Bedeutung bei, sah er es doch nicht als seine Aufgabe, in der Trance durchgegebenes Material auf seine Richtigkeit zu überprüfen. »Ich kümmere mich nicht um Namen, Daten und Orte, denn diese haben keinerlei therapeutische Bedeutung.« So wurde dieser Fall zu seinen Unterlagen gelegt. Drei Jahre später ging er zufällig nochmals diese Aufzeichnungen durch. Ihm fiel jetzt auf, daß Ivy ihren vollen Namen genannt hatte, nämlich Grace Doze. Und sie hatte auch den Ort genannt, in welchem sie lebte, nämlich Buffalo, New York. Und sie hatte auch ihren Todestag als den 17. Mai 1927 angegeben. Erst jetzt kam ihm der Gedanke, doch einfach einmal an eine Zeitung in Buffalo zu schreiben und zu fragen, ob diese schon 1927 existierte und ob um die dritte Maiwoche herum damals über den Mord an einer Frau Grace Doze berichtet worden war. Weder Dr. Goldberg noch Ivy waren je in Buffalo gewesen.

Was dann zutage kam, hat auch Dr. Goldberg überrascht. Drei Zeitungen von Buffalo berichteten damals in mehreren Ausgaben über diesen mysteriösen Mord, der nie aufgedeckt worden war. Dr. Goldberg wurden dann Kopien von jenen Zeitungen zugeschickt, die man auf Microfilmen archiviert hatte. Man hatte damals die Leiche von einer Frau Grace Doze im Ellicott Creek geborgen. Gemäß dem medizinischen Autopsiebericht waren nebst Würgemalen am Hals Messerstiche an ihrem Körper festzustellen. Sie trug Schuhe mit roten Absätzen. Tag für Tag veröffentlichten damals die Zeitungen mehr Einzelheiten über diesen Mordfall. Alle jene Namen bis auf zwei, die Ivy in Trance durchgegeben hatte, stimmten ganz genau, wie z.B. der Familienname, der Name des Ehemannes, der Nachname der Mutter, die Straßennamen, die Namen der Hotels, in denen sie zeitweise gewohnt hatte, sogar der Besuch in der Schwimmhalle wurde bestätigt, der Name der Freundin, ihr eigener Lebenswandel samt den Auseinandersetzungen mit ihrem Mann, der darüber von der Polizei befragt worden war – hielt man ihn doch zeitweilig für den möglichen Mörder, weshalb man ihn auch vorübergehend festgenommen hatte –, alles stimmte ganz genau. Nur berichteten die Zeitungen, daß Grace Doze bei ihrem Tod dreißig Jahre alt gewesen sei und daß ihr Sohn ebenfalls wie der Vater Chester geheißen habe.

Dr. Goldberg hatte wohl irgend jemandem vom Fernsehen über diesen interessanten Fall Mitteilung gemacht. Schließlich entschloß sich keine geringere Fernsehanstalt als die CBS, aus diesen Begebenheiten einen Fernsehfilm mit bekannten Schauspielern zu drehen. Bei den Recherchen zu diesem Film konnte man auch noch die Geburtsurkunde von Grace auffinden. Daraus ergab sich das korrekte Alter der Ermordeten, wie Ivy es im Gegensatz zu den Zeitungen richtig angegeben hatte. Und es fand sich ein anderer Beleg, aus welchem eindeutig hervorging, daß ihr Sohn nicht Chester hieß, wie die Zeitungen es falsch berichtet hatten, sondern Clifford, abgekürzt Cliff, wie ihn Ivy als Grace richtig angegeben hatte. Selbst wenn Ivy versucht hätte, Dr. Goldberg einen Streich zu spielen, indem sie jene Zeitungsberichte von damals zuvor gelesen und sich also über Grace Doze kundig gemacht hätte, hätte sie die falschen, in der Zeitung wiedergegebenen, Angaben machen müssen. Ihre in den Rückführungstherapien erzielten Erfolge sind nur möglich gewesen, indem sie sich spontan tief in die Trance versetzen lasssen konnte. In solcher Trance kann man keine Rollen mehr spielen oder lügen, denn das, was erlebt wird, ist das Wiedererleben dessen, was man wirklich früher erlebt hat.

Der Film »Search for Grace« wurde von CBS am 17. Mai 1994 um elf Uhr abends ausgestrahlt. Dr. Goldberg sieht in dem Faktum, daß dieser Film 'zufällig' siebenundsechzig Jahre auf den Tag und auf die Stunde genau von Grace Doze' Tod gesendet wurde, keinen Zufall. Denn er hat zu viele sogenannte Zufälle in seinem Leben erlebt, um noch an 'Zufälle' zu glauben. Sein ganzes Weltbild hat sich durch die Beschäftigung mit der Rückführungstherapie verändert. Er ist davon überzeugt – und ich stimme mit ihm aufgrund meiner langen Erfahrung im wesentlichen darin überein –, daß das, was in Rückführungstherapien an historischen Fakten zutage gefördert wird, jeder genauen Überprüfung standhält.[32]

Verehrte Leserin und verehrter Leser, was sagen Sie jetzt? Können Sie die Reinkarnation als Faktum nun noch anzweifeln? Jedoch möchte ich Sie nicht zu einem neuen Glauben drängen, denn meiner Meinung nach 'reifen' wir neuen Wahrheiten entgegen, und wenn die Zeit für eine neue Erkenntnis für einen Menschen gekommen ist, dann wird er sie sowieso annehmen. Aber, wie ich glaube, geschieht an der Wende zu einem neuen Jahrtausend ein globaler Umbruch in unserem Denken. Was dieses für unsere heutige Welt zu bedeuten haben könnte, darüber werde ich am Ende dieses Buches noch einiges bemerken. Nun kommen wir zu den Beweisen für die Reinkarnation, die selbst von dem strengsten Kritiker nicht mehr von der Hand zu weisen sein werden.

IV.

Beweise durch angeborene Missbildungen und Geburtsmale

Ian Stevenson, der Kopernikus eines neuen Weltbildes

Ich möchte nun auf eine Großtat zu sprechen kommen, die ich derjenigen des Kopernikus gleichsetze. Dieser hatte im sechzehnten Jahrhundert mit Eindeutigkeit festgestellt, daß sich die Erde um die Sonne dreht entgegen der bis dahin geltenden christlichen Auffassung, daß dieses sich umgekehrt verhalte, daß sich also die Sonne samt den Planeten und dem Sternenfirmament um die Erde drehe. Diese Entdeckung hatte in der Folge, obwohl die Gegenreformation nochmals eine Kehrtwende versuchte, das ganze Weltbild verändert und war zugleich das Einläuten des sich erst dreihundert Jahre später herauskristallisierenden wissenschaftlich ausgerichteten Weltbildes, in welchem nur das als bewiesen zu gelten hatte, was mit technischen, also neutralen Mitteln auf seine Richtigkeit hin überprüft werden konnte. Für Glaubens- und Verkündigungsvorstellungen war darin kein ernstzunehmender Platz mehr vorhanden. Der Verstand als das Wahrzeichen der Wissenschaftlichkeit hatte den Glauben an Überirdisches, Wunderhaftiges, Numinoses, ja selbst an das Göttliche bzw. an Gott verdrängt. Vorstellungen von einem Leben nach dem Tod, mit einer weiterhin möglichen Kontaktaufnahme mit Verstorbenen oder gar die Rückkehr eines solchen in einen neuen Körper – also mögliche wiederholte Erdenleben – paßten nicht in dieses wissenschaftliche Weltbild. Denn nichts von diesen Dingen ließ sich mit technischen Geräten – jenen Verlängerungen des Verstandes – beweisen. Wo es keinen Beweis gab, da war auch keine Wahrheit. Und von den Vertretern des wissenschaftlichen Weltbildes, die noch am Ende des zwanzigsten Jahrhunderts das Denken der westlichen Welt kontrollieren, werden jene, die noch an alte oder an ganz neue Wahrheiten glauben, die mit nichts zu beweisen sind, als 'nicht ganz zurechnungsfähig' betrachtet. Deshalb sind in ihren Augen Menschen, die an ein Leben nach dem Tod glauben oder gar an die Reinkarnation, solche 'Bedauernswerte', die nicht richtig denken können, Wunschvorstellungen anhängen oder vor der Wirklichkeit fliehen. Deshalb wurden auch sogenannte 'angebliche Beweise' für die Reinkarnation als nichtig erklärt, und zwar sowohl Beweise, die auf Mitteilungen von Kindern basierten, die sich an frühere Leben erinnerten, als auch solche, die sich durch Rückführungen ergaben, die mittels Trance herbeigeführt wurden.

Selbst die überzeugendsten Beweise zur Reinkarnation erschüttern jene, die das Banner des wissenschaftlichen Weltbildes hochhalten, in keiner Weise. Denn was nicht von ihnen mit ihren Mitteln nachzuweisen ist, hat keine Gültigkeit, ist nicht ernst zu nehmen und ist entweder zu ignorieren oder gar zu bekämpfen. Nun gibt es aber ein ganzes Heer von solchen Wissenschaftlern, die selbst mit dem wissenschaftlichen Weltbild groß geworden sind und zu Beginn ihrer Karriere ganz diesem Weltbild huldigten, die aber dann aufgrund ihres weiterführenden Interesses oder aufgrund von überragenden neuen Ergebnissen zu Erkenntnissen gekommen sind, die offenbar in dieses wissenschaftliche Weltbild gar nicht hineinpaßten. Sich zu solch neuen Erkenntnissen zu bekennen, erfordert großen Mut. Einer dieser mutigen Wissenschaftler ist der kanadische Psychiater Professor Dr. Ian Stevenson.

Als er sich so aus Neugier 1960 mal mit der Hypothese der Reinkarnation auseinandersetze, hörte er von einem Fall im heutigen Sri Lanka, wo ein Kind behauptete, sich an ein früheres Leben zurückerinnern zu können. Nachdem er vor Ort die Eltern dieses Kindes, das Kind selbst und auch jene Eltern, von denen das Kind behauptete, vormals deren Kind gewesen zu sein, ausgiebig befragt hatte, war er von der Möglichkeit überzeugt, daß es doch eventuell etwas mit der Reinkarnation auf sich haben müßte. Doch wenn man nur einen Fall ins Auge faßte, mochte alles mit Zufall zusammenhängen. Man konnte die Wiedergeburt eines Kindes, das sich an frühere Leben erinnerte, nur dann wissenschaftlich beweisen, wenn man viele solcher Fälle vorweisen könnte und Übereinstimmungen oder Unterschiedlichkeiten unter ihnen herzustellen in der Lage wäre. Dies erforderte eine unermüdliche Arbeit, nicht nur hinter dem Schreibtisch, wo man die Fäden zusammenzieht und wissenschaftliche Berichte verfaßt, sondern vor allem vor Ort, wo immer in der Welt jene Orte sein könnten. Ein solches Unterfangen würde eine Lebensaufgabe sein, der nachzukommen er auch auf die Mitarbeit anderer wissenschaftlicher Helfer angewiesen sein würde. Niemals dürfte sich irgendwo Laienhaftigkeit einschleichen. Je mehr Fällen von Reinkarnation er nachging, desto mehr wurde er von dem wissenschaftlichen Trieb besessen, ein neues Territorium des Weltgeheimnisses wissensschaftlich zu erschließen, das bisher von wissenschaftlicher Beachtung ausgeklammert worden war, von dem er aber glaubte, es mit wissenschaftlichen Methoden angehen und wohl auch eventuell beweisen zu können.

1960 veröffentlichte er in der Zeitschrift *Journal of the American Society for Psychical Research* zwei Artikel über Kinder, die sich an frühere Leben erinnerten. Parapsychologen und seinen Darlegungen gegenüber aufgeschlossene Mediziner mögen ihn ermutigt haben, sich dieses neuen Forschungsgebietes weiterhin anzunehmen. Doch erst 1974 trat Stevenson mit seinem Buch »Twenty cases suggestive of reincarnation« (deutscher Titel »Reinkarnation«, siehe Literaturverzeichnis) an die Öffentlichkeit. Dieses Buch machte Stevenson, wo immer es erschien, schnell bei jenen Leuten bekannt, die sich für dieses Gebiet immer schon interessiert hatten und die nun froh waren, aus dem wissenschaftlichen Lager solch eine fundierte Untersuchung zur Reinkarnation vorgelegt zu bekommen. Stevenson ist in seiner Beschreibung der Fälle äußerst vorsichtig, nicht etwa voreilig auf die Tatsächlichkeit der Reinkarnation zu schließen. Er nennt diese untersuchten Fälle 'suggestive to reincarnation', also Fälle, die die Reinkarnation nahelegen könnten. Hätte er damals mit Überzeugung geschrieben, daß er durch seine Forschungen bereits von der Tatsächlichkeit der Reinkarnation überzeugt sei, hätte man ihm eventuell seinen Lehrstuhl an der Universität von Virginia in Charlottesville/USA aufgekündigt. Aber er wollte sich ja auch noch nicht festlegen mit einer solchen Behauptung, vielmehr war es ihm klar, daß sich im Zuge seiner wissenschaftlichen Erforschung der Reinkarnation noch viele damit verbundene Fragen ergeben würden, denen er in allen Einzelheiten noch nachzugehen hoffte. Viele seiner Forschungsergebnisse stellte er den Fachkreisen in wissenschaftlichen Fachzeitschriften vor.

Doch 1987 erschien sein zweites Buch mit dem Titel »Children who remember previous lives« (auf deutsch »Wiedergeburt – Kinder erinnern sich an frühere Leben«, siehe Literaturverzeichnis), von dem er sagt: »Dieses Buch ist für den Mann von der Straße geschrieben.«[33] Denn inzwischen war in der Bevölkerung das Interesse an Reinkarnation sprunghaft gestiegen, Hundertausende besuchten in Amerika Rückführungsseminare oder Einzelrückführungen, in denen sie eigene Erfahrungen aus früheren Leben nachvollziehen wollten, und das Fernsehen berichtete über interessante Fälle auf diesem Gebiet. Man wollte mehr über die Reinkarnation wissen, gerade von solch einem Experten wie Stevenson, der sich im großen und ganzen hinter seiner Wissenschaftlichkeit verborgen hielt. In diesem Buch – einem Meilenstein auf dem Gebiet der Erforschung der Reinkarnation – stellt er dem Leser in verständlicher Weise die interessantesten Fälle seiner Forschung vor, Fälle, die er zum Teil schon in Fachzeitschriften veröffentlicht hatte. Dieses Buch, wie auch jene Artikel, waren nur Produkte, die er nebenbei verfaßte. Denn schon lange arbeitete er unermüdlich an seinem großen Lebenswerk, das er noch zu vollenden hoffte, bevor auch er das jetzige Erdenleben verlassen und nach seinem Tod die ganze Wahrheit erfahren würde, die unserer irdischen Kurzsichtigkeit vorerst noch vorenthalten bleiben muß.

Das Buch, das unser ganzes Denken verändern wird

Im Herbst 1997 war es soweit. Der große Wissenschaftler Professor Dr. Ian Stevenson legt in zwei Bänden von zusammen 2268 Seiten sein Lebenswerk vor. Es trägt den Titel »Reincarnation and Biology – a contribution to the Etiology of Birthmarks and Birth Defects« (zu deutsch: »Reinkarnation und Biologie – ein Beitrag zur Herkunft von Geburtsmalen und angeborenen Mißbildungen«). Dieses monumentale Werk ist mit Hunderten von Bildern ausgestattet. Im ersten Band schildert er vor allem die Geburtsmale, also jene Kennzeichnungen auf der Haut, die das neugeborene Kind mit auf die Welt bringt und die nicht auf Vererbung zurückgeführt werden können. Im zweiten Band geht Stevenson vor allem auf Mißgestaltungen und andere Anomalien ein, die Kinder mit in dieses Leben bringen, ohne daß diese auf Vererbung oder pränatale (vorgeburtliche) oder perinatale (durch den Geburtsvorgang entstandene) Ursachen zurückzuführen sind. Ich werde Ihnen vor allem einige Beispiele aus jenem zweiten Band darstellen, da wir im ersten Teil unseres Buches schon häufiger mit Geburtsmalen bei Kindern konfrontiert worden sind. Als ich jenes umfangreiche Buch von Professor Stevenson zum ersten Mal Ende 1997 in den Händen hielt, konnte ich es nicht mehr weglegen. Dieses Buch – davon bin ich überzeugt – wird unser ganzes Denken insofern verändern, als wir Menschen von nun an die Reinkarnation nicht mehr als Hypothese anzusehen haben, sondern als Wahrhaftigkeit. Was das für uns alle bedeuten könnte, werde ich noch am Ende dieses Buches darlegen. Stevenson hat dieses Buch als eine wissenschaftliche Monographie verfaßt, damit es auch von der wissenschaftlichen Welt angenommen und eventuell auch studiert wird. Sie, liebe Leserinnen und Leser, werden vielleicht bedauernd sagen, daß Ihnen dieses Werk ja dann gar nicht zugänglich gemacht werden könnte. Doch Stevenson hat – und das sei ihm gedankt – für den 'Bürger von der Straße' eine verständlich geschriebene Kurzfassung herausgegeben von etwa einem Zehntel des gesamten Umfangs seiner zweibändigen Monographie. Diese hat er mit einigen wichtigen Photos ausgestattet. Diese Kurzfasssung trägt den Titel »Where Reincarnation and Biology intersect«. Dieses Buch dürfte sich in Amerika mit Windeseile zu einem Bestseller verbreiten. Wir in Deutschland haben das Glück, daß im Januar 1999 eben dieses Werk auch bei uns auf den Markt kommt, herausgegeben vom Aquamarin Verlag, dessen engagierter Verleger Dr. Peter Michel mir schon vor Jahren von dem gigantischen Vorhaben Stevensons erzählte. Jeder Deutsche, der sich für die Reinkarnation interessiert oder sich darüber kundig machen möchte, wird dieses Buch lesen wollen. Und jeder Kritiker, Journalist oder Geistliche, der sich zum Thema Reinkarnation äußert, muß dieses Buch zuerst gelesen haben, um noch mitreden zu können und dabei glaubhaft zu wirken.

Bei seinen ursprünglichen Untersuchungen von Fällen, bei denen sich Kinder an frühere Leben erinnerten, hatte Stevenson zwar mit Interesse zur Kenntnis genommen, daß diese Kinder oft Geburtsmale aufwiesen, die eventuell auf die Ermordung oder den erlittenen Tod des sich an ein früheres Leben erinnernden Kindes zurückzuführen waren, jedoch wußte er damals noch nicht, daß eine ausführliche Studie darüber, wie sie jetzt in dem großen Kompendium vorliegt, einmal den endgültigen Beweis für die Reinkarnation ergeben würde. Anders als die Berichte der Kinder über ihr früheres Leben samt den Fakten, die sich als richtig herausstellten – Sie erinnern sich sicherlich noch an den Fall Shanti Devi –, sind die vorgelegten Untersuchungen über Geburtsmale und angeborene Mißbildungen zur Beweisführung der Reinkarnation auch deshalb so wichtig, weil sie einen objektiven und anschaulichen Beweis liefern, der den oft lückenhaften Erinnerungen der befragten Kinder und der Erwachsenen überlegen ist. In vielen der Fälle liegen auch noch medizinische Dokumente, die meist nach dem Tode des Betreffenden angefertigt worden waren, zur weiteren Beweisermittlung vor. Und Professor Stevenson fügt hinzu, daß in den von ihm untersuchten und 'erschlossenen' Fällen ('solved cases'), in denen solche Geburtsmale und Mißbildungen vorlagen, wohl keine andere Erklärung angebracht sei als diejenige der Reinkarnation.[34] Denn nur 30 bis 60 Prozent dieser Mißbildungen basieren auf angeborenen Defekten, die auf genetische Faktoren, auf Virusinfektionen oder chemische Verursachungen (wir denken dabei an die durch Contergan und Alkohol geschädigten Kinder) zurückzuführen sind. Von diesen nachweislichen Ursachen abgesehen, hat die Medizin für die übrigen 40 bis 70 Prozent der Fälle mit angeborenen Körperschäden keine andere Erklärung als jene des Zufalls. Doch Stevenson ist es jetzt gelungen, für letztere eine Erklärung geben zu können, warum eine Person mit diesen Mißbildungen geboren worden ist und warum diese sich genau an jenen betreffenden Stellen befinden und nicht an irgendwelchen anderen Stellen des Körpers.

Die Geburtsmale und angeborenen Mißbildungen, die nicht auf medizinisch erklärbare Ursachen zurückzuführen sind und für welche nach Stevenson als Ursache die Reinkarnation, das heißt, meist Todesverursachungen in dem vorausgegangenen Erdenleben, in Frage kommen, haben in den meisten Fällen einen bis fünf gemeinsame Nenner. Erstens – und dies ist der seltenste Fall – kann es sein, daß jemand, der an die Reinkarnation glaubt, einem Ehepaar oder einem der Ehepartner gegenüber den Wunsch geäußert hat, bei ihnen wiedergeboren zu werden, weil er überzeugt ist, daß er bei ihnen als Kind in guten Händen wäre. Solcherlei vorausgehende Wunschäußerungen kommen oft bei den Tlingit-Indianern Alaskas und bei den Tibetern vor.

Häufiger sind dagegen jene ankündigenden Träume. Ein Verstorbener erscheint einer schwangeren oder noch nicht schwangeren Frau und kündigt ihr an, als ihr Sohn oder ihre Tochter wiedergeboren zu werden. Auch können solche Träume bei Verwandten oder Bekannten vorkommen, die dann der Betreffenden den sich auf sie beziehenden Traum weitergeben. Diese ankündigenden Träume fand Stevenson besonders häufig in Burma und bei den Indianern in Alaska vor. Drittens suchen die Eltern oder Kundigen bei diesen Völkern gleich nach der Geburt eines Kindes dessen Körper nach Erkennungsmalen ab, um herauszufinden, ob ein Verstorbener, den sie gekannt haben, bei ihnen wiedergeboren worden ist. Diese Suche nach Erkennungsmalen kommt bei vielen Völkern vor, die an die Reinkarnation glauben, vor allem bei den Tlingit-Indianern und bei den Igbos Nigerias. Ich weiß, daß verschiedene Stämme Westafrikas an dem Körper eines soeben Verstorbenen Einkerbungen vornehmen, um ihn daran zu identifizieren, sobald er wiedergeboren ist.

Wohl der häufigste gemeinsame Nenner für eine wahrscheinliche Wiedergeburt ist derjenige, wenn Kinder sich an frühere Leben zurückerinnern und meist mit dem zweiten bis vierten Lebensjahr darüber zu sprechen beginnen. Solche Kindererinnerungen an frühere Leben versiegen allmählich ab dem fünften bis achten Lebensjahr, jedoch können auch Ausnahmen bestehen, so daß Kinder sich auch weiterhin an ihre früheren Leben erinnern, jedoch aus verschiedenen Gründen nicht mehr darüber sprechen. Die meisten Kinder, die sich an ihr vorausgegangenes Leben erinnern, sprechen mit Intensität und mit Gefühlen über ihre frühere Identität. Sie können oft selbst nicht unterscheiden, was für sie eigentlich die reale Welt ist. Sie leben oft in einer Doppelwelt, manchmal überwiegt die eine oder die andere. Sie sprechen von ihrem anderen Leben deshalb meist in der Gegenwartsform, also »Ich habe einen Ehemann und zwei Kinder und wohne in Jaipur« und dergleichen. Fast alle können über die Vorgänge berichten, die zu ihrem Tode geführt haben. (Wir erinnern uns, daß auf diese Weise ihre früheren Mörder schon überführt worden waren.) Kinder pflegen dann oft von ihren früheren Eltern als von ihren 'richtigen Eltern' zu sprechen und drücken meist den Wunsch aus, zu ihnen zurückkehren zu wollen. Wenn in solchen Fällen die frühere Familie wieder aufgefunden worden ist und man nun Einzelheiten über die frühere verstorbene Person erfährt, stellt sich meist die Begründung für den fünften gemeinsamen Nenner heraus. Dieser ist das auffällige oder ungewöhnliche Verhalten des Kindes. Denn wird zum Beispiel ein Kind in Indien, das vormals in einer höheren Kaste geboren worden war, in einer niedrigeren Kaste wiedergeboren, wird es sich in der neuen Familie unwohl fühlen, mag sich zum Beispiel bedienen oder hofieren lassen wollen, wird sich weigern, billige Kleider zu tragen und dergleichen mehr.

Für all diese ungewöhnlichen Verhaltensweisen gibt Stevenson einige Beispiele. In fünfundreißig Prozent der von ihm recherchierten Fälle haben Kinder, die vormals eines unnatürlichen Todes gestorben waren, eine Phobie entwickelt. Waren sie ertrunken, haben sie eine Phobie vor Gewässern, in denen sie nicht mehr stehen können. Sind sie vormals erschossen worden, haben sie einen Horror vor Pistolen und dergleichen, wie auch eventuell vor lautem Geknall. Sind sie bei einem Verkehrsunfall umgekommen, dann entwickeln sie eine Phobie gegen Fahrten im Auto, Bus oder Lastwagen. Solcherlei Gründe für Phobien sind in meinen Rückführungstherapien oft aufgedeckt und dann auch meist sofort beseitigt worden. Aus meiner Erfahrung kommt es auch häufig vor, daß solche Phobien erst dann zum erstenmal oder dann verstärkt vorkommen, wenn die betreffende Person genau das Lebensalter erreicht hat, in welchem in dem früheren Leben eben jene Verursachung – also zum Beispiel das Ertrinken – stattgefunden hatte. Wie wir sehen, gibt es noch sehr viel Arbeit in der Erforschung der eigentlichen Ursachen für heutige Nachwirkungen zu leisten. Wir befinden uns damit erst ganz am Anfang! In hundert Jahren werden über diese Dinge viele tausend Fachbücher geschrieben worden sein, die uns genaue Darstellungen darüber geben, unter welchen Bedingungen in Verbindung mit früheren Leben im heutigen Leben eine Phobie in welchem Alter, in welcher Intensität und unter welchen Voraussetzungen auftritt.

Als ein anderes von ihm oft beobachtetes ungewöhnliches Verhalten nennt Stevenson die Philias. Kinder drücken oftmals den Wunsch nach anderem Essen oder anderer Kleidung aus. Hatten jene Kinder in früheren Leben als Erwachsene eine Sucht nach Alkohol, Tabak oder gar Drogen entwickelt, so können sie schon im Kindesalter ein Verlangen nach diesen äußern oder entwickeln. Dies stellt uns vor die Frage, ob viele der heute Süchtigen nicht schon in einem früheren Leben süchtig waren und ihre Sucht in diesem Leben nur weiterführen. Eine Rückführungstherapie könnte sicherlich oft Aufschluß geben und auch helfen. Viele der sich zurückerinnernden Kinder weisen Befähigungen oder Talente auf, die sie in ihrem früheren Leben besessen hatten. Oft kommen bei Kindern, die im vorausgegangenen Leben zum anderen Geschlecht gehört hatten, Schwierigkeiten vor, sich an das neue Geschlecht anzupassen. Diese Schwierigkeiten beim Geschlechtswechsel können auch zu einer Homosexualität führen. Kinder, die vormals Mädchen waren und jetzt Jungen sind, mögen sich als Mädchen kleiden wollen oder spielen lieber mit Mädchen als mit Jungen. All diese menschlichen Besonderheiten waren der bisherigen Psychiatrie ein Rätsel, war doch den Eltern diesmal nichts 'in die Schuhe zu schieben', warum ihre Kinder sich gerade so und nicht anders verhielten. Endlich bringt die Reinkarnationsforschung Licht in dieses Gebiet. Die bisherige Medizin führte oft solche Eigenheiten auf einen Mangel an den spezifischen Hormonen zurück. Nun wird sie umzudenken haben.

Kinder, die im vorausgegangenen Leben als Erwachsene gestorben waren und sich an ihr früheres Leben zurückerinnern können, benehmen sich in vieler Hinsicht wie Erwachsene. In den Spielen mit Geschwistern oder Freunden übernehmen sie automatisch die Rollen der Erwachsenen. Schwierigkeiten ergeben sich oft, wenn das Kind bei der früheren Tochter wiedergeboren wird, denn dann wird das Kind sich eventuell nichts von ihrer eigenen früheren Tochter sagen lassen wollen. Sicherlich ist dieser Zustand auch allgemein auf viele Kinder übertragbar, unabhängig davon, ob sie sich nun an frühere Leben erinnern können oder nicht.

Wie Sie, liebe Leserinnen und Leser, sicher ahnen können, werden durch die Reinkarnationsforschung Antworten auf Fragen möglich, die für unsere ganze Menschheit von ungeheuerer Bedeutung sind. Denn viele der Zusammenhänge, die bisher im dunkeln lagen, werden nun auch von der Wissenschaft, vertreten durch Stevenson, auf einmal aufgedeckt. Der Reinkarnationstherapie waren diese schon längst aufgefallen, und auch von seiten der sich mit dieser befassenden Psychiater wurde schon darauf hingewiesen. Aber daß jetzt auch von wissenschaftlicher Seite – und Stevenson ist ein akribischer Wissenschaftler par excellence – darauf hingewiesen wird, ist eine sensationelle Neuigkeit. Wenn bei jenen Erinnerungen von Kindern an frühere Leben und dem Auffinden ihrer früheren Familie normale Erklärungen wie Kryptomnesie, Gedankenübertragungen, Besessenheit oder empfangene Eindrücke von der Mutter ausgeschlossen sind, dann sieht Stevenson für diese Fälle die Reinkarnation als die sich am ehesten anbietende Erklärungsmöglichkeit an.[35]

Doch nun haben wir uns ausgiebig mit dem Kopernikus unseres Zeitalters befaßt. Jetzt wollen wir uns einigen Fällen, die er in seinem umfangreichen Buch im einzelnen beschreibt, zuwenden, für die als Erklärung nur die Reinkarnation in Frage kommen kann. Ich werde jedoch solche Beispiele anführen, zu denen in Stevensons Buch »Reinkarnationsbeweise« die betreffenden Abbildungen von Ihnen aufgefunden werden können, so daß Sie sich ein besseres Bild von dem zu Berichtenden machen können. Denn dieses Anfang 1999 im Aquamarin Verlag erscheinende Buch, in dem Stevenson über hundert ähnliche wie auch ganz andere Fälle präsentiert, werden Sie sich sicherlich sowieso aneignen wollen.

Das Mädchen, das als Mann früher ermordet worden war

Im Mai 1973 wurde in dem Dorf Kyar-Kan unweit der Stadt Meiktila im Norden Burmas (der heutige Name lautet Myanmar) ein Mädchen mit dem Namen Ma Htwe Win geboren. An der linken Hand fehlte der kleine Finger. Am linken Oberschenkel befand sich eine deutliche Verengung wie auch oberhalb des rechten Fußgelenkes. Diese sind auf der Abbildung 29 (vergleichen Sie den Bildteil im oben genannten Buch) gut zu erkennen. Ähnliche Verengungen waren auf den Fingeransätzen ihrer linken Hand zu sehen, wie auch Geburtsmale auf der linken Brustseite oberhalb des Herzens und an ihrem Kopf festgestellt wurden. Ihre Mutter hatte im dritten Monat ihrer Schwangerschaft einen furchtbaren Traum gehabt. In diesem verfolgte sie ein auf allen Vieren kriechender Mann, dessen Unterbeine amputiert zu sein schienen. Selbst in ihr Haus hinein verfolgte er sie. Sie rannte wieder hinaus, er folgte ihr und sie sagte ihm, daß er sie nicht verfolgen solle. Dann wachte sie auf. Als sie endlich wieder eingeschlafen war, erblickte sie wieder diesen Mann mit Beinstümpfen, der sie verfolgte. Sie wachte erneut auf.

Als sie zwei Jahre alt war, deutete Ma Htwe Win in Gegenwart ihres Großvaters auf ihre Beine und sagte: »Großvater, schau wie grausam sie zu mir gewesen sind.« Auf seine Frage hin, wer denn so grausam gewesen sei, erzählte sie, daß sie ein Mann mit dem Namen Nga Than sei, der von Than Doke, Nga Maung und Chan Paw getötet worden war. Als die Eltern des Mädchens vom Feld zurückkamen, berichtete er ihnen, was sein Enkelkind erzählt hatte. Mit der Zeit konnte ihre Tochter sich mehr und mehr an die Einzelheiten ihres Todes erinnern. Sie berichtete ihren Eltern, daß sie sich am Todestag drei Angreifern mit Säbeln gegenübergestellt sah. Sie als dieser Mann wehrte sich nach bestem Vermögen mit einem Säbel, der plötzlich in einer Wand stecken blieb. Somit der Möglichkeit beraubt, sich noch wehren zu können, erstachen ihn jene, hieben ihm einige Finger ab und schlugen ihn auf den Kopf. Nachdem sie ihn vorerst liegen gelassen hatten, war er anscheinend noch nicht ganz tot, denn er hörte [36] noch, daß sie sich darüber berieten, wie man den Ermordeten am besten verbergen könne. Sie beschlossen, seinen Körper so klein wie möglich zu machen, damit er in einen mittelgroßen Sack hineinpasse. Aus diesem Grund schnürten sie nun seine Unterbeine nach hinten hochgebogen aneinander, steckten ihn in den Sack und warfen ihn in einen ausgetrockneten Brunnen. Bei anderer Gelegenheit berichtete das Mädchen, daß Nga Thans Frau eine Affäre mit seinem Freund Than Doke gehabt hätte, weshalb die beiden Männer sich zerstritten hätten. Nga Than habe einen Lebensmittelladen gehabt, und seine drei Mörder waren seine Geschäftspartner. Auch von einem Sohn wußte das Mädchen zu berichten.

Wie späterhin aufgedeckt wurde, war folgendes geschehen. Des Ermordeten Frau wollte ihn loswerden und hatte jene drei als Mörder gedungen. Auf das Verschwinden ihres Mannes befragt, sagte sie, daß er in den Süden gegangen sei. Solch plötzliches Verlassen einer Ehefrau kam häufiger vor, weshalb die Polizei auch weiterhin nicht nachforschte. Diese Frau heiratete Than Doke, einen dieser drei Mörder. Doch als er in betrunkenem Zustand mit ihr in Streit kam, hörte ein Anwesender, wie jener berichtete, auf welche Weise er ihren früherer Ehemann ermordet und wo man seine Leiche verborgen hatte. Jener Mann informierte die Polizei, die in dem ausgetrockneten Brunnen tatsächlich die Leiche fand. Die Frau und der Mörder ihres ersten Mannes wurden festgenommen, doch anscheinend wegen Mangels an Beweisen bald wieder freigelassen.

Interessant ist der Umstand, daß die schwangere Mutter gerade an jenem Brunnen vorbeikam, als die Polizei den Körper des Ermordeten barg. Denn gleich in der folgenden Nacht hatte sie die oben berichteten zwei Träume dieses sie verfolgenden Mannes. Warum sie ihn ohne Unterbeine sah, ergibt sich daraus, daß jene nach hinten an die Oberschenkel gefesselt waren. Ihre Tochter erinnerte sich, wie sie, wahrscheinlich als Geistwesen bzw. als erdgebundenes Wesen schwebend mit ansehen konnte, wie man ihre (seine) Leiche aus dem Brunnen herausholte. Sie habe dann diese schwangere Frau gesehen, wie sie sich neugierig unter die Anwesenden mischte. Dort habe sie den Wunsch verspürt, sie als ihre zukünftige Mutter auszuwählen. Daraufhin sei sie ihr gefolgt.

Anscheinend hatten die Eltern nichts nach draußen darüber verlauten lassen, wer ihre Tochter wirklich war. Wohl auf ihre Bitte hin, nahmen die Eltern ihre Tochter eines Tages mit in den Teeladen, den des Ermordeten frühere Frau führte. Dort kam von draußen ein Junge herein, der nur wenig älter als Ma Htwe Win selbst war. Sie erkannte in ihm sofort ihren Sohn. (Erinnern Sie sich noch an Shanti Devis Begegnung mit ihrem früheren Sohn?) Dieser bat seine Mutter um etwas Geld. Bevor diese ihm das Erwünschte geben konnte, hatte Ma Htwe Win schon ihre eigene Mutter um etwas Geld gebeten und es ihm zugesteckt. Dann, wie berichtet worden ist, sollen sich die beiden Kinder bei der Hand gehalten und geweint haben. Plötzlich drängte die Tochter ihre Eltern, den Laden schnellstens zu verlassen, da 'Doke' komme. Draußen fragte sie ihr Vater, wer Doke sei, und sie antwortete, daß er ihr Mörder gewesen war.

In ihrem Wesen fühlte sich Ma Htwe Win eher zu Jungen hingezogen und wollte lieber die Kleidung von diesen tragen, was ihre Mutter aber unterband. Jedoch als Stevenson sie aufsuchte, um noch mehrere Details zu erforschen, saß sie ihm in Shorts gegenüber, was für Mädchen dort als unschicklich gilt. Sie genierte sich wegen ihrer Beine und äußerte den festen Willen, sich an ihren Mördern noch rächen zu wollen. Darauf hingewiesen, daß sie doch ein Mädchen sei und es sich für ein solches nicht schicke, den Rächer zu spielen, entgegnete sie, daß es ihr dennoch irgendwie gelingen würde, sich zu rächen. Jene Körperstellen der Einschnürungen an ihren Beinen entsprachen genau jenen, die man an der Leiche entdeckt hatte. Ebenso hatte dort der abgetrennte linke kleine Finger gefehlt.[37] Wer könnte in diesem Fall noch daran zweifeln, daß hier ein klarer Beweis für die Reinkarnation vorliegt? Doch kommen wir zum nächsten Fall.

Bei einem Zugunglück das Bein verloren und ohne Bein wiedergeboren

Tatkon ist eine kleinere Stadt in Burma (Myanmar), die sich direkt an der Eisenbahnhauptstrecke Rangun (Yangon) und Mandalay befindet. Die meisten Züge halten an diesem Bahnhof, was viele Einheimische, meistens Frauen und Kinder, nutzen, um den Passagieren von dem Bahnsteig oder auch von dem mittleren Gleis aus Wasser, Obst, andere Eßwaren oder sonstige verschiedene Artikel gegen Bezahlung durch die geöffneten Fenster zu reichen. Zwei Frauen, nämlich Daw Than Kyi und die etwas jüngere Daw Ngwe Kyi, hatten sich miteinander angefreundet. Beide verkauften den Reisenden Wasser. Erstere hatte eine sechzehnjährige Tochter, die ebenfalls den Reisenden Verschiedenes zum Verkauf anbot. An jenem Augusttag 1966 verkaufte sie dort rote Rosen, und zwar nicht wie ihre Mutter von dem betreffenden Bahnsteig aus, sondern von dem mittleren Gleis aus, das zwischen beiden Gleisen, welche an den jeweiligen Bahnsteigen vorbeiführten, gelegen war. Dieses Mädchen hieß Ma Thein Nwe und hatte sich aufgrund ihrer dunklen Hautfarbe den Spitznamen Kalamagyi zugezogen.

An diesem Tag passierte es, daß der Weichensteller die Weiche für den entgegenkommenden Zug nicht mit der Hand umstellen konnte, da sie klemmte. Somit lenkte der Zug nicht auf das gegenüberliegende Bahnsteiggleis ein, sondern fuhr auf dem Mittelgleis weiter. Dort befand sich aber Kalamagyi, die sich keiner Gefahr bewußt war, wußte sie doch aus Erfahrung, daß der hinter ihrem Rücken einfahrende Zug auf das andere Bahnsteiggleis einbiegen würde. Der Weichensteller sah sie plötzlich auf dem Mittelgleis, rief ihr noch zu, sich schnell vom Gleis zu entfernen, doch der Zug hatte sie schon erfaßt. Den unteren Teil des rechten Beines fand man später, als der Zug angehalten hatte, einige Meter weiter entfernt von ihrem übrigen Körper, den man in einzelnen Teilen unter den Rädern hervorholte. Die Eltern hatten später jene Teile in dem Familiengrab beerdigt.

Kurze Zeit darauf hatte die Freundin der Mutter jener tödlich Verunglückten einen Traum, in welchem sie eben jene Kalamagyi sah, die ganz gesund vor ihr stand und sagte: »Ich komme, um bei dir zu sein.« Worauf die Träumende ihr antwortete: »Wie könntest du denn zu mir kommen, du bist doch vom Zug überfahren worden?« Kurze Zeit darauf träumte sie wieder von jener Verunglückten. Diese bat sie nun, es zuzulassen, daß sie als ihre Tochter wiedergeboren werden dürfe. Schließlich stimmte die Freundin ihrer Mutter zu. Sie hatte mehreren Nachbarn von diesem Traum erzählt. Diese Träume erfolgten etwa zwei Monate, bevor sie schwanger wurde. Interessant ist, daß Kalamagyi nach ihrem Tod ihrer damaligen Mutter im Traum erschien und ihr sagte, daß sie einer gewissen Frau noch etwas Geld schulde. Jedoch habe sie von einer anderen Frau, deren Namen sie ebenfalls nannte, noch Geld zu bekommen, das die Mutter zurückfordern sollte. Als diese zu jener Frau ging, um sie über die Schulden, die sie ihrer verunglückten Tochter gegenüber noch offen hatte, zu befragen, sagte jene, daß Kalamagyi ihr ebenfalls erschienen sei und sie an die Schulden erinnert hätte.

Am 26. Juli 1967 gebar Frau Daw Ngwe Kyi ein Mädchen, das den Namen Ma Khin Mar Htoo erhielt. An seinem rechten Bein fehlte der untere Teil (vergleiche Abbildung 25 im genannten Buch). Auch an den Händen waren Deformationen zu erkennen, wie auch der linke Daumen nur einen Stumpen aufwies. Die Mutter wußte sogleich, daß dieses Mädchen Kalamagyi war, die sie im Traum darum gebeten hatte, als ihre Tochter wiederkommen zu dürfen. Schon früh nannte sie sich bei ihrem früheren Namen Kalamagyi. Auch ihrem Onkel erzählte sie, als sie drei Jahre alt war, daß sie Kalamagyi sei und daß sie auf dem Bahnhof von einem Zug überfahren worden war. Einem Verwandten gegenüber nannte sie auch den Namen des Vaters aus ihrem früheren Leben. Eine Tante wollte sie testen, was sie noch aus ihrem vergangenen Leben wisse, und erinnerte sie daran, daß sie ihr an dem Unfalltag jene Rosen zum Verkauf vom Feld von Kalamagyis Mutter gebracht hätte. Daraufhin korrigierte sie das kleine Mädchen und sagte, woher die Rosen wirklich stammten. Dies war richtig, wie die Tante dann bestätigte. Als die Dreijährige ihre Mutter auf den Bahnhof begleitete, entdeckte sie unter den Verkäuferinnen ihre frühere Mutter und nannte sie 'Mutter'.

Diese nahm nun das kleine Mädchen, das auf einem Bein hüpfte oder auf allen Vieren kroch, um sich fortzubewegen, mit nach Hause und zeigte ihm Familienphotos. Die Kleine nannte jene abgebildeten Personen bei Namen, und zwar benutzte sie jene Namen, die sie als Kalamagyi diesen

Personen oft abweichend von ihren sonstigen Namen gegeben hatte. Bei einer anderen Begegnung erkannte sie ihren früheren Onkel und auch einen früheren Bruder wieder, die sie mit den richtigen Namen benannte. Da beide Familien sich kannten, wurde sie auch von ihrer früheren Familie voll als ihre verunglückte Kalamagyi anerkannt und hielt sich oft bei ihr auf. Ihrer beider Häuser waren nur 350 Meter voneinander entfernt. Als sie etwa vier Jahre alt war, hatte sie den Wunsch, ihren früheren Vater zu besuchen, der damals in einem anderen Teil der Stadt wohnte. Als man sie zu ihm brachte, erkannte sie ihn gleich wieder, wollte sogleich auf seinem Schoß sitzen und umarmte ihn.

Späterhin konnte sich die Einbeinige auch an ihren Zustand nach ihrem Tod erinnern. Offenbar war sie einige Zeit noch an dem Ort ihres Unfalls haften geblieben, habe aber dann der Beerdigung ihrer Körperteile beigewohnt. Sie beharrte darauf, daß man eines ihrer Beine nicht mit bestattet hätte. Die Richtigkeit dieser Äußerung konnte jedoch nicht überprüft werden. Befragt, wann sie sich entschlossen habe, bei ihrer heutigen Mutter wiedergeboren zu werden, antwortete sie, daß sie diese schon gut gekannt und sie immer beobachtet habe, als sie Wasser verkaufte. Dann sei sie ihr eines Tages nach Hause gefolgt. Ma Khin Mar Htoo hatte als Kind eine große Phobie vor Zügen, ja schon vor einer Annäherung an Eisenbahnschienen. Ebenso wie Kalamagyi hatte sie einen Widerwillen gegen Schweinefleisch.

Als Stevenson die Dreizehnjährige 1980 aufsuchte, ging sie an Krücken. Sie äußerte ihm gegenüber, daß sie noch immer den Wunsch habe, lieber bei ihrer früheren Familie wohnen zu wollen. Auf die Frage hin, wie sie sich die Deformationen und das Fehlen ihres linken Daumens erkläre, meinte sie, daß sie diese damals durch die sie überrollenden Räder verloren habe. Sie konnte sich noch relativ gut an ihr Leben als Kalamagyi erinnern. Als Stevenson sie vier Jahre später wieder besuchte, hatte sie nur noch vage Erinnerungen an ihr früheres Leben. Inzwischen war ihr eine Prothese angepaßt worden, so daß sie sich nun ohne Schwierigkeiten fortbewegen konnte.[38]

Ist es nicht eigenartig, wie solche körperlichen Gliederbeeinträchtigungen oder gar Gliederabtrennungen bei einer wiedergeborenen Person auf deren heutigen Körper einwirken können? Welche uns noch weitgehend unbekannten Gesetze liegen da zugrunde? Wer oder was bestimmt, warum eine reinkarnierte Person mit solchen Erkennungsmerkmalen wieder auf die Welt kommt, während bei einer anderen Person trotz eines grausamen und mit Gliederverlust erlittenen Todes keine Verstümmelungen am neugeborenen Körper zu finden sind? Haben diese Gesetze ebenfalls mit Karma zu tun? Noch kennen wir die Gründe nicht. Aber wir beginnen nun Fakten zu sammeln und Vergleiche anzustellen. Theorien werden diesen Funden und Fakten folgen. Und eines Tages werden wir auch jene Gesetze aufdecken können, nach denen Verstorbene, aus welchen Gründen auch immer, mit Geburtsmalen und/oder Mißbildungen auf die Welt kommen. Wenden wir uns nun einem weiteren sehr aufschlußreichen Fall zu, den Resat Bayer, ein Mitarbeiter Stevensons schon 1966 recherchierte, während Stevenson ein Jahr später selbst in die Türkei fuhr, um diesen Fall vor Ort ausführlich zu untersuchen.

Von seinem Nachbarn aus Versehen erschossen

Der Türke Selim Fesli war 47 Jahre alt, als er sich mit seinem Esel am 9. Mai 1958 vor einem seiner Felder befand, das an den Weinberg seines Nachbarn Isa Dirbekli grenzte. Gegen Abend pflegte er auf seinem Esel in sein Dorf Hatun Köy heimzureiten. Doch wie erschrocken waren die Seinen zu Hause, als der Esel ohne seinen Herrn allein zurückkehrte. Irgend etwas konnte nicht stimmen. Man eilte zu seinem Feld. Hier fand man Selim unter Schmerzen am Boden liegen, sein Gesicht war blutüberströmt. Er atmete noch und zeigte Reaktionen. Dann stöhnte er vor Schmerzen, doch er konnte nicht sprechen. Man drang in ihn zu sagen, wer offenbar mit der Schrotflinte auf ihn geschossen hätte. Doch er brachte keinen Namen über die Lippen, schien aber anzudeuten, daß es jemand aus dem Dorf gewesen sei. Erst nach Stunden traf am Tatort die Polizei ein. Mit einem Taxi beförderte man ihn schließlich ins Krankenhaus des benachbarten Iskenderum in der Südosttürkei. Dort verstarb er sechs Tage später. Den Namen seines Mörders hat er nicht mehr zu nennen vermocht.

Die Polizei verhaftete zwei Tatverdächtige. Einer von diesen war jener Nachbar Isa Dirbekli. Er gestand, daß er aus Versehen seinen Freund erschossen hatte. Denn er war mit seiner Schrotflinte Jagen gegangen. Er sah, wie sich etwas im Gras bewegte, dachte, daß es ein Hase sei, und habe abgedrückt. Als er plötzlich Schreie hörte, sei er herbeigeeilt. Er hatte dem am Boden liegenden und wohl ein Schläfchen haltenden Selim ins Ohr geschossen, denn aus diesem und der angrenzenden Gesichtspartie drang Blut hervor. Er selbst sei dann in Panik geraten und habe den Platz des Unfalls schleunigst verlassen. Befragt, warum er Selim nicht geholfen oder zumindest Hilfe herbeigeholt habe, antwortete er, daß er Angst vor der Rache von Selims Söhnen gehabt hätte. Da er vor dem späteren Gericht den glaubwürdigen Eindruck vermittelte, daß es sich wirklich um einen bedauerlichen Unfall gehandelt habe, verhängte der Richter eine Gefängnisstrafe von nur zwei Jahren über ihn. Die Söhne des Ermordeten schienen ebenfalls den Tod ihres Vaters als ein unglückliches Schicksal anzusehen und nahmen somit von einem Racheakt Abstand. Jedoch der Vater von Selim war fest davon überzeugt, daß dieser Mord von jenem Nachbarn und Freund, mit dem sein Sohn sich zur damaligen Zeit in Streit befand, vorsätzlich ausgeführt worden war.

Der Autopsiebericht, der später dem Arzt Dr. Stevenson zur Einsicht von dessen Kollegen übergeben wurde, besagte, daß sechs Löcher auf der rechten Gesichtshälfte und auf der Seite des rechten Ohres zu finden waren und daß aus dem Ohr Blut drang. Nach Öffnung des Schädels konnte festgestellt werden, daß Schrotkugeln in das Gehirn eingedrungen waren.

Zwei Kilometer von Hatun Köy entfernt befindet sich das Dorf Sarkonak. Dort war Frau Karanfil Tutusmus Ende 1958 hochschwanger und befand sich in Erwartung eines zweiten Kindes. Zwei Tage vor der Niederkunft ihres zweiten Sohnes, dem der Name Semih gegeben werden sollte, hatte sie einen Traum. Sie sah in diesem, daß ein Mann, dessen Gesicht blutüberströmt war, ihr Zimmer betrat. Sie fragte ihn, warum er gekommen sei, denn ihr Mann befände sich augenblicklich in Ankara, und bat ihn, wieder zu gehen. Dieser entgegnete jedoch, daß er Selim Fesli heiße und daß man ihm ins Ohr geschossen hätte. Als Frau Tutusmus aufgewacht war, erinnerte sie sich, daß vor Monaten ein Mann dieses Namens in der Gegend des Nachbardorfes aus Versehen erschossen worden war. Als ihr Mann zurückgekehrt war, erzählte sie ihm von diesem Traum. Ihr Mann, der Gemüseladenbesitzer Ali Tutusmus, kannte den damals Verunglückten sehr gut und konnte späterhin Stevenson sogar dessen Charakter beschreiben.

Die Mutter von Semih, dessen rechtes Ohr klein und deformiert war (vergleiche Abbildung 28 im Buch »Reinkarnationsbeweise«), erinnerte sich, daß ihr Bub schon mit eineinhalb Jahren seinen Namen nicht annehmen wollte und sagte, er heiße Selim, ja daß er sogar seinen Nachnamen nannte, der genau jener war, den dieser Mann in ihrem Traum vor der Geburt ihres Sohnes genannt hatte, nämlich Selim Fesli.

Ihr gegenüber offenbarte Semih mit der Zeit, daß er von Isa Dirbekli ermordet worden sei, denn er hätte ihm mutwillig ins Ohr geschossen. Schon mit vier Jahren lief er jene zwei Kilometer allein in jenes Nachbardorf Hatun Köy. Er ging in das Haus seiner früheren Frau und sagte: »Ich bin Selim, du bist meine Frau Katibe.« Er konnte ihr anscheinend viele Einzelheiten aus ihrem früheren gemeinsamen Leben erzählen wie auch folgende. Er sah einen aus Schilfrohr geflochtenen Korb und sagte: »Diesen Korb habe ich dir gekauft. Und du hast ihn immer noch dort stehen, wo ich ihn hingestellt hatte.« Anscheinend hatte er Frau Katibe Fesli durch solche Feststellungen überzeugen können, daß er tatsächlich ihr verstorbener Mann Selim war. Als er dann seine früheren Töchter und Söhne wiedersah, nannte er sie beim Namen.

Semih ging nun öfter allein nach Hatun Köy, obwohl man es ihm verboten hatte und er auch dafür Schläge bezog. Doch konnte er dem Drang nicht widerstehen, in sein früheres Heimatdorf und zu seiner früheren Familie zurückzugehen, wo man ihn willkommen hieß. So begegnete ihm einmal ein Mann, der davon gehört hatte, daß dieser Bub der vormalige Selim gewesen sein sollte, und fragte ihn: »Kennst du mich?« Und der Kleine antwortete prompt: »Ich kenne dich sehr gut. Du bist Ali Battihi.« Dieser war ein früherer Nachbar von Selim.

Manchmal ging er fünf bis sechs Mal in der Woche nach Hatun Höy. Er benahm sich seinen früheren Kindern gegenüber, ungeachtet dessen, daß sie alle viel älter waren als er, wie deren Vater und mischte sich auch in die Familienangelegenheiten ein. Da alle überzeugt zu sein schienen, daß er ihr verstorbener Vater sei, ließ man ihn gewähren. Als nun Taju, Selims zweiter Sohn, heiratete, hatte man Semih nicht zur Hochzeit eingeladen. Er fühlte sich darüber derart beleidigt, daß er seine frühere Familie zwei Monate lang nicht mehr besuchte. Um diesen Fehler wieder gutzumachen, lud man ihn zu der Verlobungsfeier Hasans, des jüngsten von Selims Söhnen, ein. Semih bat seinen Vater, ihm etwas Geld zu geben, das er seinem 'Sohn' Hasan zur Verlobung schenken wolle. Der Vater schien sich schon längst mit der Tatsache abgefunden zu haben, daß sein Sohn auch noch zu einer anderen Familie gehörte, weshalb er ihm etwas Geld gab. Als Hasan ein Jahr später heiratete, hatte Semih sich von seinem Vater einen größeren Betrag geben lassen, um ihn dem Bräutigam zu übergeben.

Als Semih acht Jahre alt war, wollte Frau Katibe Fesli sich wieder verheiraten. Nachdem Semih davon hörte, ging er sofort nach Hatun Köy, stellte den Brautwerber zur Rede und drohte, ihn töten zu wollen, wenn er 'seine' Frau ehelichen würde. Und Katibe gegenüber sagte er vorwurfsvoll: »Was fällt dir ein, neben mir noch einen anderen Mann heiraten zu wollen!« Und Katibe antwortete, daß sie keinerlei Absicht habe, einen anderen Mann zu heiraten.

Drei Jahre später verstarb Katibe. Als Semih davon hörte, kam er schnellstens nach Hatun Köy. Diese Nachricht hatte den Zwölfjährigen derart erschüttert, daß er dort in Tränen aufgelöst ankam und Nachbarn Stevenson späterhin bestätigten, daß er mehr um Katibes Tod trauerte als ihre eigenen Kinder. So habe auch eine Tante noch späterhin Semih am Grabe der Katibe angetroffen, wo er lange saß und weinte. Einmal habe sie ihn dort, so berichtete sie, bewußtlos liegen sehen, so daß sie einen Eimer Wasser über ihn gegossen habe, um ihn wieder zum Bewußtsein zurückzubringen.

Isa Dirbekli hatte sich nach seiner Rückkehr aus dem Gefängnis einem neuen Gewerbe zugewandt. Er verkaufte jetzt auf der Straße Raki-Schnaps, den er in Flaschen mit sich führte. Als der achtjährige Semih ihn sah, hob er Steine auf und schleuderte diese auf Isa, zertrümmerte dabei auch eine Flasche. Wann immer er Isa sah, griff er unwillkürlich zu Steinen, warf auf diesen Straßenverkäufer und drohte ihm, sich einst an ihm rächen zu wollen, wenn er groß geworden sei. Denn Semih erinnerte sich noch gut an die wirklichen Zusammenhänge. Er sei damals mit seinem Nachbarn und Freund Isa darüber in Streit geraten, daß sein Esel hin und wieder in Isas Weinberg lief. Als Selim sich zu einem Schläfchen niedergelegt hatte, entdeckte Isa dessen Esel wiederum in seinem Weinberg. Daraufhin habe er sein Gewehr genommen und in seiner Wut eine Schrotladung auf den Liegenden abgeschossen. Außerdem habe er des nun Blutenden Mund geöffnet und hineingespuckt, was in ihrem Aberglauben bedeutet, daß der Tote oder Verwundete dann nichts mehr über den Täter verlauten lassen könne, was ja dann auch wirklich zutraf. Als Stevenson späterhin Isa traf und ihn nach den wahren Begebenheiten von Selims Tod befragte, bestritt er, diesen absichtlich getötet haben zu wollen. Er gab jedoch zu, daß er sich vor der Rache Semihs fürchte.

Im Alter von achtzehn Jahren, als Semih den Militärdienst ableistete, hatte man ihm ein künstliches Ohr angelegt, das bei flüchtigem Anblick nicht als solches erkannt werden konnte. Resat Bayer, der türkische Mitarbeiter von Professor Stevenson, unternahm es, Semih von seinen Rachegelüsten zu lösen, indem er ihm vor Augen hielt, daß Isa, so er ihn töten würde, ebenfalls wiedergeboren werden würde und dann wiederum Rache an ihm nehmen könnte. Das könnte sich dann so unentwegt von Leben zu Leben weiterentwickeln. Dies einsehend, änderte er seine Haltung seinem Mörder gegenüber, obwohl es ihn jedesmal noch, wie er späterhin eingestand, in der Hand jucke, Steine auf jenen zu werfen. 39

Stevenson führt in seiner umfangreichen Monographie viele Beispiele ähnlicher Art auf, in welchen Wiedergeborene ihre Geburtsmale oder Geburtsmißbildungen aus dem vorausgegangenen früheren Leben mitgebracht haben und sich als Kind an ihr früheres Leben gut erinnern können, wie auch an die Umstände, die damals zu jenen Narben oder zu jenem Verlust von Körperteilen geführt hatten. Diese Beispiele werden mit viel Bildmaterial überzeugend dargestellt. Doch nun möchte ich ein auch für mich überraschendes Neuland in der Reinkarnationsforschung vorstellen. Im folgenden Kapitel wird bewiesen werden, daß sogenannte Albinos bei der dunkelhäutigen Bevölkerung dieser Erde sicherlich in vielen Fällen auf Reinkarnationen von vormals weißhäutigen Menschen zurückzuführen sind, die sich bei ersteren wieder inkarniert haben.

Als Amerikaner im Krieg über Burma abgeschossen und dort wiedergeboren

Burma, das heutige Myanmar, war während des Zweiten Weltkrieges von Japanern besetzt. Am Ende des Krieges drängten die Briten ihre japanischen Gegner zurück, während die Amerikaner den britischen Vorstoß mit einer Luftwaffenflotte unterstützten, die von Indien aus operierte. Viele Briten und Japaner kamen bei diesen Kämpfen dort ums Leben. Es wurden sogar einige amerikanische Flugzeuge von der japanischen Artillerie abgeschossen. In der burmesischen Bevölkerung gab es in den folgenden Jahren eine Anzahl von Fällen, in welchen Kinder mit einer hellen Hautfarbe geboren wurden, und zwar oft Jahre nachdem keinerlei 'Weiße' mehr im Lande zu sein schienen. Und viele dieser Albinokinder begannen schon im frühen Alter darüber zu sprechen, daß sie Engländer oder Japaner 'sind', die im Krieg umgekommen waren. Sie hatten teilweise Schwierigkeiten, sich an die neue Kultur anzupassen, wollten keine gewürzten Speisen essen, wie es die Burmesen lieben, sie verlangten Löffel oder Gabeln, damit sie nicht wie alle anderen mit den Händen essen mußten, sie hatten eine Vorliebe für Kleidungsstücke und Schuhe, wie sie die 'Weißen' tragen, verweigerten also den von der Bevölkerung getragenen Lungyi (ein um die Hüften gebundenes und nach unten bis zu den Fußgelenken fallendes Tuch), sie spielten mit Spielsachen, die vornehmlich bei weißen Kindern beliebt sind, ja, sie nannten oft ihre Namen, die sie in früheren Leben gehabt hatten oder äußerten den Wunsch, wieder nach Hause zu fahren. Unter diesen Albinos, deren Haut eine weiße Pigmentierung aufwies, fand Stevenson auch einen wiedergeborenen amerikanischen Kopiloten, der im Krieg über Burma abgeschossen worden war.

Etwa 120 Kilometer südlich der burmesischen Stadt Mandalay liegt die Provinzstadt Meiktila. Dem Ehepaar U Tin Aung, dem Lehrer und späteren Direktor einer Volksschule, und seiner Frau Daw Kjin Htwe wurde am 9. Mai 1950 ihr erstes Kind geboren. Die Mutter bekam einen großen Schreck, als sie sah, daß ihr Kind von nahezu ganz weißer Hautfarbe war und auch die Gesichtszüge denen eines Europäers glichen. Denn was würde man ihr wohl nachsagen? Gott sei Dank gab es schon seit der Unabhängigkeit von Großbritannien vor zwei Jahren keine weißen

Europäer in ihrer Stadt, sonst hätte man sie verdächtigen können, ihrem Mann untreu gewesen zu sein. Diese Befürchtung sollte sich im Laufe der Zeit legen, denn unter ihren elf Kindern, die sie danach noch zur Welt brachte, befanden sich weitere drei Kinder mit weißer Hautfarbe. Jedoch in ihrer und auch in der Familie ihres Mannes war in der Vergangenheit nie ein Albinokind aufgetaucht, so daß man den genetischen Faktor auszuschließen hatte. Diesem Kind gab man den Namen Maung Zaw Win Aung. (Vergleichen Sie Abbildung 34 im angegebenen Buch.)

Der Junge wuchs teilweise bei seinen Eltern und teilweise bei zwei Tanten auf. Ab seinem dritten Lebensjahr sprach der kleine Zaw darüber, daß er John Steven heiße, daß er ein amerikanischer Luftsoldat gewesen sei, der abgeschossen worden war. Schon bald machte er detailliertere Angaben. Er sprach davon, daß er nicht der Pilot gewesen sei, sondern daß der Pilot sein Freund war. Sie hätten vor ihren Einsätzen immer Alkohol getrunken. Japaner hätten ihr Flugzeug in der Nähe von Meiktila abgeschossen. Als sich Erwachsene in seiner Gegenwart über die Bomben unterhielten, die 1945 über ihrer Stadt abgeworfen worden waren, sagte der Dreijährige spontan: »Warum solltet ihr euch gefürchtet haben? Ich war es doch, der über die Stadt geflogen war.« Zaw zeigte ein widersprüchliches Verhalten Flugzeugen gegenüber. Auf der einen Seite war er fasziniert und begann schon früh, Zeichnungen von ihnen herzustellen, auf der anderen Seite fürchtete er sich vor ihnen. Spielte er mit Kindern und ein Flugzeug flog über sie hinweg, dann schrie er in Panik: »Versteckt euch!« oder »Legt euch auf den Boden!« Die Eltern, die wohl seinem Wunsch nachkamen, brachten ihn eines Tages zu einem Flugplatz. Sie mochten einigen Piloten davon erzählt haben, daß Zaw in dem vorausgegangenen Leben ein amerikanischer Luftsoldat gewesen sein wollte. Darauf meinte einer der Piloten, daß er ihn gerne mal in einem Flugzeug mitnehmen wolle. Doch der Dreijährige entgegnete: »Ich will nicht. Denn wenn man mit dem Flugzeug fliegt, wird man abgeschossen.« Als man ihm zu Hause ein Dreirad schenkte, fuhr er plötzlich damit los und rief: »Kommt mit mir! Ich fahre jetzt nach Amerika.« Solche Bekundungen, nach Amerika zu wollen, hatte er schon seiner Tante gegenüber geäußert, die seiner Sehnsucht, in dieses Land zurückkehren zu wollen, dadurch beizukommen versuchte, daß sie ihn mit Enteneiern fütterte, da das in jener Gegend wohl als das probateste Mittel gilt, um Kindern die Erinnerung an frühere Leben vergessen zu lassen. Aber dieses Mittel schlug bei ihm nicht an.

Manchmal gab er an, ein großartiger Luftsoldat gewesen zu sein, doch manchmal bedauerte er, daß seine Bomben Menschen getötet hatten. Dies ließ ihm keine Ruhe. Schon als Vier- bis Fünfjähriger ging er zu buddhistischen Mönchen und bat diese, ihm Absolution zu erteilen. Einer von ihnen mag ihm erklärt haben, daß er in Burma und nicht in Amerika wiedergeboren worden war, weil er aus karmischen Wiedergutmachungsgründen nun hier zu leben habe. Er solle nun seine Sünden bereuen. Daraufhin veränderte sich sein prahlerisches Verhalten, ein großer Luftkämpfer gewesen zu sein. Doch auch noch mit sechzehn Jahren wollte er Pilot werden, was die Eltern ihm dann ausredeten. Als er als kleiner Junge einmal ein Tablett sah, auf welchem ein amerikanisches Haus mit Kirche abgebildet war, sagte er spontan, daß dieses ihn an zu Hause erinnere. Seine Nostalgie für Amerika blieb bestehen, und er äußerte noch viele Jahre lang den Wunsch, eines Tages nach Amerika fliegen zu wollen.

Zaw wollte schon als Kind immer Schuhe tragen, im Unterschied zu den anderen Kindern, die entweder barfuß gehen oder Sandalen anhaben. Er verlangte danach, ebenfalls wieder eine solche Uniform zu haben, wie er sie früher getragen hatte. Auf jeden Fall erreichte er es, daß er statt eines Lungyi, wie bei allen Kindern und bei den meisten Erwachsenen üblich, Hosen tragen durfte. Zaw mochte die scharfgewürzte Nahrung seines Landes nicht. Am liebsten trank er Softdrinks oder Milch, aß besonders gern Kekse und bestand darauf, immer mit dem Löffel zu essen statt mit den Fingern, wie es alle anderen taten. Zaw zeigte auch einen Zwang, Alkohol trinken zu wollen. (Wir erinnern uns, daß er im betrunkenen Zustand abgeschossen worden war. Oft bleiben jene Zustände und Eindrücke, die wir bei einem vorausgegangenen Tod hatten, als unliebsame Erbstücke im heutigen Leben zurück.) Schon als Kind hatte er einen Haß auf Japaner, denn die hatten ihn abgeschossen. In der Nachbarschaft gab es einen kleinen Jungen, der behauptete, ein früherer japanischer Soldat gewesen zu sein. Immer wenn er Zaw sah, begann er in Panik zu schreien. War dieser eventuell durch John Stevens Bomben oder durch Europäer oder Amerikaner ums Leben gekommen? Wir Menschen leben noch mit so vielen Geheimnissen. Mir kommt es oftmals vor, als wüßten wir im Grunde nahezu gar nichts von dem, was uns wirklich umgibt und welche Gesetze das wirkliche Leben bestimmen. Aber, wie ich meine, ist es spannend, immer mehr von jenen Geheimnissen zu lüften. Und Stevenson ist einer von jenen, denen es gelungen ist, wieder weitere Schleier von Geheimnissen gezogen zu haben.

Aber die Geschichte von Zaw ist noch nicht zu Ende erzählt. Schon als Kind, als er einmal ein englisches Buch in den Händen hielt, sagte er bedauernd: »Ja, früher habe ich das lesen können.« Als er in die Schule kam, brillierte er bald in der englischen Sprache. Seine Aufsätze wurden prämiert und sogar abgetippt und als Muster an andere Schulen geschickt. Die Lehrer waren über seine Englischkenntnisse erstaunt. (Aus meinen Rückführungstherapien weiß ich, daß wir oft jene Sprachen nur mit Widerwillen lernen, die wir vormals in einem Land gesprochen hatten, in welchem wir ein unliebsames Leben hatten, häufig verbunden mit einem schrecklichen Ende. Hingegen lernen wir oft jene Sprachen leicht, die wir in einem früheren Leben gesprochen hatten, das für uns ein angenehmes gewesen war. Wir sind in unseren Vorlieben und Abneigungen geprägt durch unser Erleben aus der Vergangenheit, zu welcher Zeit diese auch immer stattgefunden haben mag.) Später wurde Zaw ein erfolgreicher Arzt.

Als Zaw zehn Jahre alt war, träumte seine Mutter folgendes. Eine weiße Frau im Alter von etwa fünfundzwanzig Jahren in europäischer Kleidung erschien ihr und bat sie um Erlaubnis, als ihr Kind wiedergeboren zu werden. Woraufhin Frau Daw Kyin Htwe entgegnete: »Bitte komme nicht zu mir. Wir sind doch sehr arm.« Doch die Frau sagte: »Das ist mir einerlei. Hauptsache, ich bin wieder mit meinem Bruder zusammen.« Am 21. April 1961 gebar Frau Daw Kyin Htwe eine Albinotochter, die außer ihrer hellen Haut auch noch kaukasische, also nicht fernöstliche Gesichtszüge hatte. Als Freunde sie sahen, verglichen sie dieses Mädchen mit einer Puppe, die auf englisch 'doll' heißt. Aus diesem Grunde gaben ihr die Eltern den Namen Dolly. Dieses Mädchen hatte eigentlich nichts geäußert, was auf ein früheres Leben hindeutete. Jedoch offenbarte sie viele Eigenheiten, die absolut nicht zur burmesischen Gesellschaft paßten. Sie bestand darauf, mit einem Löffel zu essen, und wenn man ihr diesen nicht geben wollte, begann sie zu schreien. Oft sprach sie vor sich hin in einer Sprache, die keiner verstand. Ihr Vater meinte, es müsse Englisch gewesen sein. Sie hatte eine besondere Zuneigung zu ihrem Bruder Zaw entwickelt, die äußerst ungewöhnlich zu sein schien. Sie legte sich nachts neben ihn auf die Matte. Zu ihm sprach sie oft in jener unverständlichen Sprache. Sie faßte Zaw beim Spazierengehen an die Hand, was ebenfalls für Burmesen ungewöhnlich ist. Als sie einmal mit ihrer Familie wieder ihre Tante verlassen sollte, jedoch Zaw bei dieser zurückblieb, wollte sie unbedingt, daß er ebenfalls mitkommen solle oder daß sie bei ihm bleiben könne. Sie begann heftig zu weinen, als sie nun von ihm getrennt wurde. Sie küßte auch ihre Eltern auf den Mund, was in Burma überhaupt nicht üblich ist. Sie wollte auch lange keinen Reis zu sich nehmen, sondern fragte nach Brot, Butter und Milch. Wie ihr Bruder wollte sie ebenfalls westliche Kleidungsstücke tragen. Dolly erzählte ihrem Bruder, daß noch jemand, der so aussehe wie er und sie, in ihrer Familie wiedergeboren werden wolle. So war es auch. Im Oktober 1969 wurde das dritte Albinokind in der Familie geboren. Nachdem die Mutter ihr elftes Kind zur Welt gebracht hatte, beschloß ihr Mann, sie sterilisieren zu lassen. Doch kurz bevor jene Vasektomie an ihr vorgenommen werden sollte, hatte sie einen Traum. Ein junger blonder Mann kam auf einem Elephanten auf sie zugeritten und sagte: »Bitte, laß dich jetzt noch nicht operieren. Erlaube mir, daß ich ebenfalls zu dir kommen darf. Denn ich gehöre noch zu denen, die bei dir geboren werden sollen.« Und im November 1974 kam Frau Daw Kyin Htwe mit ihrem dritten Albinosohn nieder. Von Stevenson einmal bei seinen häufigen Besuchen befragt, wie sie damit umgehe, vier Albinokinder zur Welt gebracht zu haben, antwortete die Mutter, daß sie nichts dagegen gehabt hätte, Albinokinder geboren zu haben. Jedoch vor der Geburt von Zaw habe sie nie einen solchen Wunsch verspürt gehabt.

Stevenson hatte natürlich nachgeforscht, ob es einen John Steven gegeben hat, der 1945 über Burma abgeschossen worden war. Doch konnte er selbst nicht mit Sicherheit sagen, ob John Steven nicht zwei Vornamen waren und zu welcher Einheit dieser Soldat gehört hatte. Erst müsse das geklärt werden, um dann mit Sicherheit in den Listen der damals verstorbenen Soldaten nachzuschauen.[40]

Da nun Zaw gut englisch spricht, bin ich versucht, ihn einmal aufzusuchen und ihn in sein früheres Leben zurückzuführen, damit jenes Leben in Amerika nebst allen Daten über sein Soldatenleben geklärt werden kann. Denn dann hätten wir einen doppelten Beweis für seine Rückerinnerung, daß er vormals in Amerika gelebt hatte.[41] Übrigens fände ich es sehr verlockend, in solchen Fällen, in denen sich Kinder an ihre früheren Leben erinnern, durch tranceinduzierte Rückführungen nachzuforschen. Denn oft kommt man in Trance an Dinge heran, die der spontanen Rückerinnerung verborgen bleiben. Ich könnte mir denken, daß in dieser Hinsicht in Zukunft noch näher zusammengearbeitet werden wird. Aber selbst ohne einen solchen Doppelbeweis sind die von Professor Stevenson in seiner Monographie wiedergegebenen und durch Bildnachweise bestätigten Fälle in sich beweiskräftig genug, um jetzt mit Sicherheit sagen zu können, daß die Reinkarnation ein nicht mehr zu bestreitendes Faktum ist. Was viele Völker immer gewußt haben und was die Weisen dieser Erde immer wieder verlauten ließen und von den 'Allzuschlauen' dieser Welt nie geglaubt wurde, ist nun endlich unumstritten belegt worden. Daran wird es nichts mehr zu rütteln geben. Jedoch den Durchbruch für die Anerkennung der Reinkarnation haben wir allein Professor Ian Stevenson zu verdanken, dessen Pionierleistung vielleicht einmal ebenso hoch eingeschätzt werden mag, wie die Leistungen Freuds und Einsteins.

Verehrte Leserinnen und Leser, ich glaube, daß Sie mir zustimmen, wenn ich sage, daß derjenige, der all diese Beweise gelesen hat und immer noch nicht von der Reinkarnation überzeugt ist, entweder 'bedauernswerterweise' mit seinen 'antiquierten' Gedanken nicht ernst zu nehmen ist oder die Wirklichkeit flieht, da er nicht bereit ist, neue Vorstellungskonzepte in sein Denken oder in sein Glaubenssystem einzubauen. Vielleicht halten ihn Wunschvorstellungen fest, die es ihm verbieten, an wiederholte Erdenleben zu glauben, weil er, aus welchen Gründen auch immer, nicht wiedergeboren werden möchte. Ich möchte Ihnen nun einige Gedanken zusammenstellen, die etwas darüber aussagen, was sich in unserem Weltbild und in unserer Einstellung zum Leben und zu den Menschen durch das Wissen um die Reinkarnation als Tatsache ändern dürfte.

V.

Die Bedeutung der Reinkarnation für ein neues Bewusstsein

Das Einwirken des Reinkarnationsgedankens auf das persönliche Leben

1. Ich habe keine Angst mehr vor dem Tod. Da ich weiß, daß ich mit aller Wahrscheinlichkeit schon früher gelebt habe, werde ich auch mit aller Wahrscheinlichkeit nach einem Zwischenleben auf einer feinstofflichen Ebene erneut auf Erden inkarnieren.

2. Wenn jemand stirbt, der mir nahesteht, so ist es natürlich, traurig zu sein. Aber meine Trauer wird sich um vieles verringern, da ich weiß, daß er nicht gestorben ist, sondern auf einer anderen Ebene weiterlebt, daß er sicherlich oft – wenn auch unsichtbar – bei mir ist, daß es sein von höherer Seite für richtig befundenes Schicksal war, zur Zeit seines Todes abgerufen zu werden, daß ich diese Person nach meinem Tode im Zwischenleben (Jenseits) und/oder in einem nächsten Erdenleben wiedersehe und daß es nie einen Abschied für immer gibt.

3. Ich bin allen Menschen gegenüber tolerant, solange sie nicht mich oder andere in meiner oder ihrer Freiheit behindern. Ich toleriere jegliche Art von Religionsausübung und Meinungsäußerung, solange sie anderen ein gleiches Recht zugestehen. Denn wir Menschen erweitern mit der Fortentwicklung von Leben zu Leben unser Bewußtsein. Ich bin nie überheblich in meinem Denken Andersdenkenden gegenüber, hatte ich doch vielleicht in einem früheren Leben ebenso gedacht. Ich dränge darum niemandem meine Überzeugung auf, braucht doch jeder seine Zeit, um sein Bewußtsein dann zu erweitern, wenn die Zeit für ihn dafür gekommen ist. Außerdem ist mir klar, daß ich in meinen zukünftigen Leben sicherlich noch oft meine Überzeugungen wechseln bzw. erweitern werde.

4. Ich werde niemals andere Menschen diskriminieren, ganz egal, um wen es sich dabei handelt. Denn ich weiß, daß ich weder jemanden vom anderen Geschlecht diskriminieren werde, gehörte ich doch mit aller Wahrscheinlichkeit schon selbst dem anderen Geschlecht an, noch daß ich jemanden von einer anderen Hautfarbe, Volkszugehörigkeit oder einer anderen Rasse diffamieren werde, hätte ich doch selbst schon zu jenen anderen gehören können oder könnte nochmals

zu ihnen gehören. Auch ist mir bewußt, so ich jemanden diskriminiere aufgrund seiner anderen Zugehörigkeit, daß ich dann selbst einmal zu diesem anderen Volk oder dieser Rasse gehören muß, damit ich mein Verständnis und meine Liebe für sie erweitere. Ebenso werde ich nie auf andere herabsehen, weil sie arm, behindert, unschön oder irgendwie anders sind, denn ein jeder hat sich genau das Umfeld, sein Aussehen und seine Veranlagungen ausgesucht, um damit, darin und daraus zu lernen.

5. Ich werde anderen gegenüber nie neidisch sein, seien sie nun reicher, mächtiger, angesehener, klüger, gesünder oder äußerlich schöner. Denn diese haben sich für dieses Leben ihr Aufgabenfeld in dieser Schule des Lebens geschaffen, um mit den ihnen zur Verfügung stehenden Mitteln genau das zu lernen, was sie lernen können, um dadurch spirituell zu wachsen. Eventuell standen mir in einem früheren Leben ebenfalls solche Mittel einmal zur Verfügung oder werden mir in einem zukünftigen Leben noch zur Verfügung stehen. Wir müssen alle einmal alle Möglichkeiten des Erlernens durchgemacht haben, um spirituell zu wachsen.

6. Habe ich ein Kind, dann werde ich ihm die Chance einräumen, seine individuellen Anlagen, so sie nicht zerstörerisch sind, zu fördern und ihm nicht meinen Willen aufdrängen oder seinen Willen brechen. Denn ich weiß, daß seine früheren Leben dieses Kind sicherlich schon innerlich geformt haben und daß es in diesem Leben sein Lernprogramm erfüllen möchte, das ein ganz anderes sein mag als das meine. Deshalb respektiere ich seine Persönlichkeit. Außerdem weiß ich, daß es in einem früheren Leben sicherlich schon einmal ein Erwachsener war, vielleicht sogar einer meiner verstorbenen Verwandten oder Freunde. Ich werde schon früh darauf achten, ob es irgend etwas über seine früheren Leben äußert. Ich werde ihm solche Äußerungen nicht mehr verbieten oder diese als Spinnereien abtun. Vielleicht war dieses Kind schon in früheren Leben mein Partner, meine Mutter, mein Vater, mein Freund, meine Freundin. Und vielleicht werde ich im nächsten Leben als Tochter oder Sohn meines jetzigen Kindes wiedergeboren.

7. Ich weiß, daß ich meinen Partner nicht zufällig ausgesucht habe, daß ich ihn schon aus früheren Leben kenne und wir uns im Zwischenleben

dazu entschlossen haben, auf Erden wieder zusammen von- und miteinander zu lernen. Denn jede Partnerschaft ist eine Lerngemeinschaft in der Schule des Lebens. Und die Chance zum Lernen will ich, solange sie besteht, nach besten Kräften nutzen.

8. Ich akzeptiere meine Eltern so, wie sie sind. Denn ich habe sie mir vor meiner Inkarnation aus freier Entscheidung ausgesucht. Sie geben mir genau die Voraussetzungen für das Leben, die ich zum Erlernen meiner mir spezifischen Aufgaben benötige.

9. Ich erkenne die mir im Leben begegnenden Personen, Ereignisse und Schicksalsschläge als wichtige Hilfen an, damit ich genau durch sie oder aus ihnen das lerne, was ich zu lernen habe. Ich entwickle dabei auch keinen Neid auf andere, da sie eventuell mit ihren Lernmitteln etwas ganz anderes zu lernen haben. Darum trage ich meine mich treffenden Schicksalsschläge mit Fassung und sehe sie vielmehr als Chancen des Lernendürfens an. Ich beklage mich nicht über sie, sondern frage mich, was ich daraus für mich lernen soll bzw. darf.

10. Die Erde ist somit eine Schule des Lernens. Wir lernen mit jeder Inkarnation, verständnisvoller, toleranter und vor allem liebevoller zu werden. Sind wir einmal nach vielen Inkarnationen ganz Liebe geworden, dann dürfen wir diese Erdenschule verlassen, denn wir haben unser Abitur bestanden und dürfen auf höhere Universitäten gehen, wo uns höhere Weisheiten und höhere Liebe vermittelt werden.

11. Ich weiß, daß ich, wo immer ich gegen die Liebe verstoße, selbst einmal derjenige zu sein habe, gegen den 'liebelos' verstoßen wird. Nur dadurch lerne ich, liebevoll mit meinen Gedanken, Worten und Taten umzugehen. Alles, was ich anderen zum Schaden tue, wird mir selbst einst zum Schaden werden. Das Karmagesetz, das diesen Lernprozeß steuert, ist immer gerecht. Es gibt für mich keine Ungerechtigkeiten. Deshalb weise ich auch keinem anderen Menschen oder keiner anderen Situation eine Schuld zu, denn ich frage mich, was ich durch eine Benachteiligung zu lernen oder aus früheren Leben noch auszugleichen habe, denn nichts geschieht zufällig.

12. Ich weiß, daß alles im Leben einen Sinn hat. Es gibt keinen Un-Sinn. Alles, was mir begegnet, hat für mich eine Bedeutung. Darum werde

ich versuchen, den Sinn hinter den Dingen und Ereignissen zu erkennen.

13. Ich weiß, daß es allein an mir liegt, wie schnell oder wie langsam ich mich spirituell entwickle. Ich trage allein dafür die Verantwortung, was mir im Leben an Gutem oder Widerlichem widerfährt, denn beides sind die Früchte meiner in früheren Leben gehegten Gedanken, gesprochenen Worte oder ausgeführten Taten. Um ein nächstes Erdenleben in Freude und Liebe zu führen, werde ich das jetzige Leben nutzen, um anderen viel Freude zu bereiten und anderen viel Liebe zukommen zu lassen. Ich allein bin der Schmied meines Glückes. Ich schiebe keinem anderen die Schuld zu. Denn ich bin und war und werde für alles verantwortlich sein, was mir, wann auch immer, begegnet.

14. Ich sehe das Leben als ein Geschenk an, mich mit jedem Erdenleben immer weiter in der Liebe und in dem Verstehen entwickeln zu dürfen. Es macht mir Freude, anderen in ihrer Entwicklung behilflich sein zu dürfen und von ihnen Hilfe anzunehmen, die meiner Entwicklung zugute kommt. Deshalb bin ich jeden Tag dankbar, auf Erden sein zu dürfen und mehr über die Liebe zu erfahren und zu lernen, und ich bin dankbar, mein Bewußtsein immer mehr zu öffnen für die göttlichen Gesetze und die göttliche Liebe.

Das Einwirken des Reinkarnationsgedankens auf das gesellschaftliche Leben

1. Da die Reinkarnation als Faktum Allgemeingut ist, wird man jeden Menschen als wirklich gleichberechtigt sehen. Es gibt keinerlei Diskriminierung mehr. Absichtliche Übervorteilung oder Benachteiligung, selbst im Auftrag anderer, schafft persönliches Karma.

2. Das Karmagesetz wird Allgemeingut, das da heißt: Was du einem anderen bewußt tust, sollst du an dir erfahren, entweder noch in diesem Leben oder in einem späteren. Denn das Karmagesetz ist immer gerecht. Keine Untat bleibt unausgeglichen. Das Karmagesetz dient dem Lernprozeß.

3. Da jeder weiß, daß er eventuell in jedem Land oder bei jedem Volk oder bei allen einer bestimmten Religion Angehörigen gelebt haben könnte oder noch einmal leben wird, wird ein globales Zusammengehörigkeitsgefühl entwickelt. Es gibt daher unter den Staaten dieser Erde kein Konkurrenzdenken mehr, kein Gegeneinander, vielmehr ein Miteinander. Man wird sich als Weltgemeinschaft fühlen, die sich gegenseitig Achtung, Toleranz und Verständnis entgegenbringt.

4. Man wird sich in Notsituationen gegenseitig helfen. Denn man weiß, unter jenen Menschen in einer – sagen wir – von Hunger oder Katastrophen heimgesuchten Gegend dieser Erde können sich meine Verwandten und geliebten Personen aus einem früheren Leben befinden. Jegliches Ignorieren von Not der anderen schafft für eine Nation wieder Karma. Darum wird man denen, die in Not geraten sind, mit größerer Hilfsbereitschaft entgegenkommen. Man wird überhaupt mehr Anteil am Wohlergehen der Weltbevölkerung in den einzelnen Ländern nehmen.

5. Jeder einzelne wird dem Staat gegenüber ein ganz anderes Bewußtsein der Zugehörigkeit und Mitverantwortung entwickeln. Denn betrüge ich den Staat, indem ich Steuern hinterziehe, wird mir aus karmischen Gründen einmal etwas entzogen werden müssen. Denn

was ich dem Staat wie auch jedem einzelnen antue, wird mir einmal angetan werden müssen. Darum ist Ehrlichkeit die beste Vorsorgeversicherung für ein nächstes Erdenleben.

6. Der Mensch, bevor er zu einem global verantwortlichen Weltbürger wird, fühlt sich als Bürger seines Staates mitverantwortlich. Lebt er nur für seine Interessen und nützt den Staat zu seinem Vorteil aus, wird er einmal in einem späteren Leben ebenfalls in Situationen kommen, in denen man ihn ausnützt. Ein egozentriertes Denken und Handeln ist der Garantieschein dafür, daß man in einem späteren Leben Ungerechtigkeit und Liebelosigkeit erfahren wird.

7. Glaubensgemeinschaften und Weltreligionen werden sich schleunigst die Reinkarnation zu eigen machen und in ihr Glaubenssystem integrieren, um eine Überlebenschance zu haben, denn die Reinkarnation ist Faktum. Es gibt kein einmaliges Leben, sondern es gibt einen Zyklus von einmaligen Leben. Mit jedem Leben entwickelt sich die Seele zu höherer Vollkommenheit. Die Reinkarnation ist die gerechteste Religion. Sie gibt jedem, so er gegen die Gesetze der Nächstenliebe verstoßen hat, die Chance, in einem erneuten Erdenleben das Verfehlte wiedergutzumachen. Gott ist nicht mehr der Bösewicht, der verkrüppelte Babys zur Welt kommen läßt oder der es zuläßt, daß Millionen von Menschen verhungern oder in Kriegen umkommen.

8. Die Rückführungstherapie wird eine große Aufgabe zu erfüllen haben. Im Sozialwesen zum Beispiel wird man eventuell Drogensüchtige und Alkoholiker zu der Ursache ihres Suchtverhaltens zurückführen, um die sie süchtigmachende Programmierung zu löschen. Aus der Psychiatrie wird die Rückführungstherapie gar nicht mehr wegzudenken sein. Denn andersartiges Verhalten zu eigenem oder anderer Schaden mag mit Ursachen in früheren Leben zusammenhängen, die es aufzudecken und zu therapieren gilt. Die Krankenkassen werden auf ihre Kosten Rückführungstherapeuten ausbilden lassen und die Bezahlung von Rückführungstherapien in ihre Leistungen aufnehmen, um ungeheuer hohe Therapiekosten bei lang andauernden Therapien zu sparen, denn die Rückführungstherapie kann oft in kürzester Zeit mit Erfolgen aufwarten.

9. In der Psychologie wird man viele der alten und sicherlich oft liebgewonnenen Theorien begraben müssen und neue Theorien aufstellen, um der Reinkarnation darin einen großen Platz einzuräumen. An den Universitäten werden Lehrstühle für die Reinkarnationspsychologie gegründet.

10. In der Medizin wird man in vielem umdenken müssen. Durch Professor Dr. med. Stevensons Entdeckungen weiß man jetzt, daß angeborene Mißbildungen eine eventuell nicht genetisch oder viruell bedingte Ursache haben können, sondern in den meisten Fällen auf frühere Lebens- bzw. Todesverursachungen zurückzuführen sind. In der Chirurgie wird die Reinkarnation eine nicht geringe Rolle spielen. In vielen Fällen, bevor eine nicht sofort notwendige Operation vorgenommen werden soll, schickt der Arzt oder der Chirurg den Patienten zu einem Rückführungstherapeuten, um zum Beispiel bei einer Vagotomie festzustellen, ob eventuell der Magenbereich vorbelastet ist durch eine in einem früheren Leben dort empfangene Wunde, die, so sich diese Tatsache bestätigt, dann therapeutisch behandelt werden muß, da sonst immer wieder an dieser Stelle irgendwelche Krankheitssympome auftauchen werden. Wurde jemand in einem früheren Leben von einem Speer tödlich im Nierenbecken getroffen, wird er eventuell in den Folgeleben immer wieder in dieser Gegend chronische Schmerzen verspüren, selbst dann, wenn die Mediziner dort kein Krankheitssymptom feststellen können. Die Zusammenarbeit zwischen Medizinern und Rückführungstherapeuten wird zu einer notwendigen Selbstverständlichkeit werden.

11. Da wir Menschen wissen, daß wir mit aller Wahrscheinlichkeit auf dieser Erde wiedergeboren werden, wird es uns ein Anliegen sein, die Welt sauber und gesund zu halten, damit wir in unserem nächsten Erdenleben eine heile Welt vorfinden, in welcher wir uns seelisch und geistig weiterentwickeln können. Wir werden uns also mehr für die Umwelt einsetzen und es nicht zulassen, daß diese verschmutzt wird.

12. Die Philosophie wird jene großen Philosophien und Philosophen in den Vordergrund stellen, die jene Erkenntnisse über die Reinkarnation schon vertreten haben. Die Anerkennung der Reinkarnation bewirkt ein ganz neues Denken und wird dementsprechend neue philosophische Denkmodelle begründen, die sich weniger an abstraktes

Denken halten, sondern erst einmal das aufzuarbeiten und zu integrieren sich vornehmen, was sich 'empirisch' aus dem Wissen durch Rückführungen in frühere Leben allgemein ergibt. Man wird sich auch eingehend mit jenem Zwischenleben beschäftigen, wo wir als Seelen weilen, bevor wir wieder auf Erden inkarnieren. Die Philosophie wird danach fragen, wer oder was hat dieses System der Reinkarnation samt den Zwischenleben aus welchem Zweck und Sinn heraus erschaffen? Dadurch erhält die Ontologie eine ganz neue Perspektive, und man mag versuchen, durch eigene Tranceerfahrungen, durch eigenes In-die-Mitte-Gehen oder durch mögliche Einweihungen mit dem Prinzip Schöpfung in Verbindung zu kommen.

13. In der Kunst wird es einen ungeheuren Aufschwung geben, da den Künstlern ein neuer kreativer Themenbereich erschlossen wird und die Nachfrage beim Publikum über das Thema Reinkarnation groß sein dürfte. So wird sich der Film, das Fernsehen, das Theater und vor allem die Literatur dieses Bereiches annehmen. Die Darstellung von Personen und ihren Handlungsmotiven wird auch auf dem Hintergrund ihrer früheren Leben gespiegelt, wobei dem Karmagesetz sicherlich eine bedeutende Funktion zugestanden werden wird.

14. Wir werden uns weniger um Ansehen und Macht oder Besitz bemühen, da wir wissen, daß es wichtiger ist, seine Liebe in sich größer werden zu lassen, weshalb wir eher bestrebt sind, im Inneren unsere Schätze zu sammeln als im Äußeren. Wir werden mit dem Leben verantwortungsvoller umgehen und es als großes Geschenk betrachten, in dieser Erdenschule verweilen zu dürfen, um immer mehr über die Liebe und über die göttlichen Gesetze zu lernen. Die Reinkarnation wird einen großen Beitrag dazu leisten, daß unsere Welt eine schönere und liebevollere werde, in der es eine Gnade ist, leben, lieben und lernen zu dürfen. [42]

ANMERKUNGEN

1 Vgl. Matthäus 11,7-15, 17,10-13, Markus 9,11-13.

2 Diese Mitteilung habe ich von einem guten Bekannten, der mit dem Papst darüber gesprochen hat. Dieser Aussage entsprechend sollen noch ca. 80 Kardinäle gegen die Akzeptierung der Reinkarnation sein.

3 Dieser Bericht findet sich in Tag Powells Buch »ESP for Children«, S. 151 ff.

4 Stevenson in »Reincarnation and Biology«, S. 2045 behauptet, daß jene Frau nicht betrunken oder durch Drogen 'benebelt' war, sondern vor kurzem durch ein Gericht das Sorgerecht für ihre eigenen Kinder abgesprochen bekam. Aus Wut darüber habe sie die beiden Mädchen und einen Jungen auf dem Bürgersteig überfahren. Später sei diese Frau in eine psychiatrische Klinik eingewiesen worden.

5 Diese Geschichte ist bei Jan Wilson a.a.O., S. 15 ff. wiedergegeben wie auch in Stevensons »Reincarnation and Biology«, S. 2041 ff.

6 In dem Bericht über Shanti Devi bin ich in meiner Wiedererzählung im wesentlichen der Darstellung aus dem Buch von Jeffrey Iverson, S. 168 ff. gefolgt. Dieser Journalist ist Ende der achtziger Jahre selbst nach Indien gefahren und konnte noch Zeugen der damaligen Ereignisse interviewen, so zum Beispiel den Vater von Shanti Devi. Einige Begebenheiten habe ich jedoch dem Buch »I have lived before« von Sture Lönnerstrand entnommen. Der Autor fuhr schon in den fünfziger Jahren nach Indien. Neben vielen Zeugenaussagen lag ihm auch der Bericht des Komitees vor, das damals den Fall Shanti Devi untersuchte. Dieses Buch dürfte wohl die ausführlichste Darstellung über Shanti Devi sein. Der Fall Shanti Devi ist wohl der am gründlichsten und am ergiebigsten recherchierte Fall für eine Beweisführung für die Reinkarnation, der auf eine Kindererinnerung zurückzuführen ist.

7 Dieser Bericht ist in Stevensons Buch »Reinkarnation«, S. 200 ff. ausführlich nachzulesen.

8 Der Bericht über den Fall Corliss Chotkin jun. befindet sich in Stevensons Buch »Reinkarnation«, S. 273 ff.

9 Falls es Sie interessieren sollte, mehr über den Mechanismus von Programmierungen aus früheren Leben zu lesen, so möchte ich Sie auf mein Buch verweisen »Das große Handbuch der Reinkarnation – Heilung durch Rückführung«.

10 Diese Angaben finden Sie auf S. 246 ihres Buches »Claims of Reincarnation«.

11 Dieser Bericht ist in Brad Steigers Buch »You will live again«, S. 151 ff. wiedergegeben.

12 Der detailliertere Bericht ist in dem Buch von Jeffrey Iverson »In search of the dead«, S. 187 ff. nachzulesen.

13 Der Fall Titu ist Anfang der neunziger Jahre auch durch unsere Presse gegangen. Darüber ist zum Beispiel in der *ESOTERA*, Ausgabe Oktober 1993, oder in der *BILD-ZEITUNG im* Frühjahr 1990 nachzulesen.

14 In dem Buch »Lifetimes – true accounts of Reincarnation« finden sich eine ganze Anzahl von wahren Geschichten zur Reinkarnation, die der Arzt Dr. Frederick Lenz dort zusammengetragen hat. Die hier wiedergegebene Geschichte ist auf S. 22 ff. aufzufinden.

[15] Dieses Kapitel steht in dem wichtigen Buch von Yonassan Gershom »Kehren die Opfer des Holocaust wieder?«, S. 263 ff.

[16] Die Wiedergabe dieser Geschichte ist im Buch von Brad Steiger »You will live again«, S. 141 ff. zu finden.

[17] Frederick Lenz a.a.O., S. 25 ff.

[18] Brad Steiger in »You will live again«, S. 178 ff.

[19] Frederick Lenz a.a.O., S. 26 ff.

[20] Mein Bericht stützt sich einmal auf ihr Buch »Unsterbliche Erinnerungen«, und zum zweiten auf ihre zusammengefaßte Darstellung »Meeting Her Past-Life Children«, welche in dem Buch von Sue Carpenter »Past Lives – True stories of Reincarnation«, S. 211 ff. abgedruckt ist.

[21] Dick Sutphen a.a.O., S. 192 ff.

[22] Brad Steiger in »Returning from the Light«, S. 191 ff.

[23] Dieser Bericht ist in diesem Buch, a.a.O. , S. 112–125, nachzulesen.

[24] Solche Tendenzen, jemanden aus 'unerfindlichen' Gründen heraus zu quälen, haben oft eine lange Vorgeschichte, die in noch früheren Leben begründet ist. Wie ich in meinen Rückführungstherapien feststelle, kommen oft Menschen immer wieder zusammen, um allmählich ihre Lieblosigkeit in Liebe umzuwandeln. Eventuell hatte Meister Gustav in einem früheren Leben durch Theuer eine ähnliche Behandlung erfahren, die jener nun diesem wieder zurückerteilt, oder Gustav rächt sich nun an dem Lehrling, weil dieser ihm selbst in einem früheren Leben großen Schaden an Körper, Ehre oder Gut zugefügt hat.

[25] Das Buch »Entdecke Deine früheren Leben« ist schon in mehreren Auflagen erschienen. Wer sich für meine Rückführungsseminare, für die Ausbildung zum Rückführungstherapeuten, meine Kassetten, Videos oder Bücher interessiert, schreibe an den Vertrieb T. Hockemeyer, Tempelherrenstr. 18, D-10961 Berlin.

[26] Ich habe für diese Zwecke ein Kassettenset »Reinkarnation Total« herausgegeben, mit welchem man alle seine früheren Leben gefahrlos (d.h. ohne in traumatische Erlebnisse hineinzugeraten oder irgendwo in der Vergangenheit stecken zu bleiben) wiedererleben kann. Die erste dieser Kassetten dient der Einübung, wie man sich tiefer in den Alphazustand versetzen und wie man besser fokussieren und visualisieren kann. Dieses Set, bestehend aus drei Kassetten und einem Begleitbuch, kann über den Vertrieb T. Hockemeyer, Tempelherrenstr. 18, D-10961 Berlin zum Preis von DM 126,- bezogen werden. Dort kann auch das CD-Set »Erfahre Deine früheren Leben«, bestehend aus zwei CDs und einem Begleitheft, zum Preis von DM 69,- bestellt werden, mit dem man in der Lage ist, viele seiner früheren Leben aufzudecken. In gleicher Weise eignet sich das Video »Reincarnation Live« (DM 59,-) dazu, alle seine früheren Leben aufzusuchen, das ebenfalls bei obiger Anschrift bestellt werden kann.

[27] Von Helen Wambach sind zwei Taschenbücher erschienen, in denen sie über ihre Forschungen berichtet. Diese sind im Literaturverzeichnis angegeben.

[28] Dieses Zitat findet sich in Brad Steigers Buch »You will live again« auf S. 23. In einem Kapitel faßt er nochmals den Fall Bridey Murphy zusammen (S. 12 ff.) Wer sich eingehender mit diesem Fall auseinandersetzen will, dem empfehle ich das Buch ihres Hypnotiseurs Morey Bernstein »Protokoll einer Wiedergeburt«.

29 Dieses Zitat befindet sich in dem Buch »More lives than one« von Jeffrey Iverson auf S. 16. Der ganze Fallbericht über das Judenmassaker von York ist auf S. 30–46 wiedergegeben.

30 Dieser Bericht findet sich in dem Buch von Jeanne Avery »A Soul's Journey«, S. 140 ff.

31 Mein Buch »Das große Buch der Reinkarnation – Heilung durch Rückführung« können Sie über jede Buchhandlung beziehen oder aber es sich durch den Vertrieb T. Hockemeyer, Tempelherrenstr. 18, D-10961 Berlin zuschicken lassen.

32 Diese letzte Aussage von Dr. Goldberg ist auf S. XV in seinem Buch »The Search for Grace« zu finden.

33 Stevenson in »Wiedergeburt«, S. 9.

34 Stevenson in »Where Reincarnation and Biology intersect«, S. 2. Ich habe neben meiner Blinddarmnarbe ein etwa sieben Millimeter großes warzenartiges Muttermal. In einer Rückführungstherapie bei einem von mir ausgebildeten Rückführungstherapeuten, in der ich der Ursache dieser angeborenen Markierung auf den Grund gehen wollte, stellte es sich heraus, daß ich an eben jener Stelle als französischer Hugenotte mit dem Namen Charles de Puy 1576 nach langer Folter mit einem Messer erstochen worden bin und man mir zusätzlich noch die Kehle durchgeschnitten hatte. Ich glaube, daß selbst jedes Muttermal nicht zufällig mitgebracht wird, daß auch dieses seine Vorgeschichte hat. Aber das Muttermalphänomen wird sicher noch mannigfach von vielen Forschern in der Zukunft recherchiert werden.

35 Stevenson, a.a.O., S. 12.

36 Stevenson und sein Mitarbeiter Daw Hnin Aye haben gemeint, daß der in den Brunnen Geworfene noch nicht tot gewesen sein könne, hätte er doch sonst nicht die Gespräche jener drei mit anhören können. Wie ich jedoch sehr häufig in der Rückführungstherapie erlebt habe, befinden sich Verstorbene und vor allem Ermordete unmittelbar nach ihrem Tod meist außerhalb ihres Körpers und betrachten ihren Körper, wie auch eventuell noch andauerndes Geschehen seitens der Anwesenden, aus der Vogelperspektive. Sie können dort ebenfalls die Gespräche mitverfolgen und manchmal sogar die Gedanken der Anwesenden genau aufnehmen. Ich glaube, daß Nga Than sich ebenfalls in einem solchen Zustand befunden hatte. Wie wir wiederum sehen, gibt es für die Wissenschaft noch viele Fragen zu klären.

37 Dieser Fall wird in Stevensons Monographie, S. 1553-1565, ausführlich dargestellt.

38 Stevenson, a.a.O., S. 1236–1250.

39 Stevenson, a.a.O., S. 1382–1403.

40 Stevenson, a.a.O., S. 1782–1801.

41 Ich habe an Stevenson diesbezüglich geschrieben. Er will mir die Anschrift seines Mitarbeiters in Myanmar zukommen lassen.

42 Wer über die Anwendung der geistigen Gesetze auf unser irdisches Leben mehr wissen und verstehen möchte, den verweise ich auf meine vier Farbromane »Molar«, »Lilia«, »Jedem das Seine« (in Deutschland nicht erhältlich) und »Maria«. Darin wird das Thema Reinkarnation und Karma vor dem Hintergrund des Zweiten Weltkrieges anschaulich geschildert.

LITERATURVERZEICHNIS

Jeanne Avary: *A Soul's Journey*, Austin,Texas 1996

Morey Bernstein: *Protokoll einer Wiedergeburt*, (Neuauflage) Bern 1990

Sue Carpenter: *Past Lives – True Stories of Reincarnation*. London 1995

Jenny Cockell: *Unsterbliche Erinnerung*, Bergisch Gladbach 1994

Yonassan Gershom: *Kehren die Opfer des Holocaust wieder?*, Dornach 1997

Bruce Goldberg: *Past Lives – Futures Lives*, New York 1988

Bruce Goldberg: *The Search for Grace*, St. Paul, Minnesota 1997

Trutz Hardo: *Entdecke Deine früheren Leben*, München 1997

Trutz Hardo: *Das große Buch der Reinkarnation – Heilung durch Rückführung*, München 1998

Jeffrey Iverson: *More lives than one*, London 1976

Jeffrey Iverson: I*n search of the dead*, San Francisco 1992

Frederick Lenz: *Lifetimes – true accounts of Reincarnation*, New York 1979

Sture Lönnerstrand: *I have lived before*, Stockholm 1994

Satwant Pasricha: *Claims of Reincarnation – An empirical study of cases in India*, New Delhi 1990

Tag Powell: *ESP for Children – How to develop your child's psychic abilities*, Lago, Florida 1993

Dick Sutphen: *You were born to be together*, New York, 1976

Brad Steiger: *You will live again*, (Neuauflage) Nevada City, CA 1996

Brad Steiger: *Returning from the Light*, New York, 1996

Ian Stevenson: *Reinkarnation – der Mensch im Wandel von Tod und Wiedergeburt – 20 überzeugende und wissenschaftlich bewiesene Fälle*, Freiburg 1978

Ian Stevenson: *Wiedergeburt – Kinder erinnern sich an frühere Leben*, Grafing 1989

Ian Stevenson: *Reincarnation and Biology – a contribution to the Ethiology of Birthmarks and Birth Defects*, Westport Connecticut 1997

Ian Stevenson: *Reinkarnationsbeweise*, Grafing 1998

Ian Stevenson: *Where Reincarnation and Biology intersect*, Westport, Connecticut 1997

Helen Wambach: *Leben vor dem Leben*, München 1980

Helen Wambach: *Seelenwanderung – Wiedergeburt durch Hypnose*, München 1984

Ian Wilson: *Reincarnation?*, Harmondsworth, England 1982

Brigitte Müller

Lichtkörper-Bewußtsein

Kartoniert, 14 x 20,5 cm
ca. 160 Seiten
ISBN 3-8138-0474-7

- **Informationen zur Entwicklung und Integrierung des Lichtkörpers**
- **Praktische Übungen zur Umkehrung des Alterungsprozesses und der Degeneration**

Dieses Buch ist die lange erwartete Fortsetzung der »Energie der 12 Sonnen-Chakra Strahlen«. In ihm werden die göttlichen Interventionen und Aktivitäten des Lichts offenbart, die sich in den letzten Jahren auf Erden ereignet haben. Die Erde und alles Leben auf ihr befinden sich in einem ständigen Prozeß der Wiedergeburt und des Aufstiegs in das Licht. Durch die Vereinigung mit unserem Göttlichen Selbst sprengen wir die menschlichen Begrenzungen und kehren zu unserem göttlichen Erbe, zur physischen Vollkommenheit zurück. Dies bedeutet ewige Jugend, strahlende Schönheit, Gesundheit und Wohlstand. – Der kosmische Moment ist jetzt!

Bücher aus dem Peter-Erd-Programm finden Sie im Buchhandel.
Fordern Sie das kostenlose Gesamtverzeichnis an bei:
Verlag Peter Erd,
Gaißacher Straße 18
81371 München
Tel. (089) 725 30 04
Fax (089) 725 01 41